萩本欽一

人生は
おもしろがった
人の勝ち

大和書房

はじめに　おもしろく生きることに年齢は関係ない

世の中に、絶対においしいものなんか、あるんだろうか？

たぶん、ないだろうね。どんなにおいしいものでも、お腹いっぱいのときに食べたら、大しておいしいとは思わないだろうし、普段はさほどおいしいと思っていなくても、お腹が空いていてどうしようもないときに食べたら、こんなにおいしいものがあったのかと感激するんじゃないかな。

だから、絶対においしいものなんか、世の中にはない。

ただし、ものをおいしく食べることはできる。お腹が空いた状態で食べるのも、その一つ。気心の知れた仲間と、ワイワイいいながら食べてもおいしい。自分ががんばって作った料理を目の前で誰かがおいしそうに食べてくれたら、それを見ているだけで、こっちまでおいしい気持ちになってくる。

きっと一緒なんだろうね、人生ってやつも。

絶対におもしろいことなんかない。同じことでも、状況によって、おもしろかったり、おもしろくなかったりする。だけど、どんな状況にあっても、ものごとをおもしろくすることはできるんじゃないかな。

要は、考え方一つってことだ。

ボクはこれまで、どうしたらおもしろくなるか、そればっかり考えて生きてきた。

そのなかから、つかんだことや見えてきたものがいくつかある。

人と同じことをしていてはダメなこと、運が逃げていかないようにすること、ものごとをあえて遠くにすること、いいことと悪いことは半々だということ……。そんなボクだからこそいえることがあるとすれば、おもしろがった人のほうが、人生をおもしろく生きられるということだ。

おもしろく生きることに、年齢は関係ない。いくつになろうが、おもしろく生きようと思えば、おもしろく生きられる。かえって長く生きてきた人、いろいろなことを経験してきた人のほうが、おもしろがるコツを知っているんじゃないかな。

たった一度っきりの人生だもの、おもしろく生きたほうの勝ちだと思うよ。

『人生はおもしろがった人の勝ち』もくじ

第1章

ボクは73歳で大学生になった

第2章 あたりまえだけど、定年後も人生は続くから

第3章 いくら正しくても、「常識」はやっぱりつまらない

第4章

言葉に生かされるから、いい言葉を選びたい

第5章 恋と旅と仲間について、少々

第6章 運はいつでも遠くにある

第1章

ボクは73歳で大学生になった

脳の引き算が始まったら、減った分は足していけばいい

知っている人もいると思うが、ボクは2015年4月から駒澤大学仏教学部で学生をしている。73歳で大学を受験して、まさか大学生になるなんて思わなかったから、ボク自身が誰よりも驚いているというのが正直なところだ。

なんで、大学生になったかって？

まあ、いろいろあるが、いちばんの理由は認知症対策だ。そう、いわゆるボケ。実は、そのころ、物忘れが多くなっていた。誰かと話していても、その人のことはよく知っているのに、いざ名前を思い出そうとすると、すぐには出てこないということが増えてきた。

これからますます年をとっていくわけで、そうなるとますますボケが進む。

う～ん、これではマズイ。そこで、ちょっと考えてみた。

「そもそも、ボケるとはどういうことだ？」

ボケるというのは、簡単にいってしまえば、それまで覚えていたことを脳が忘れていくということだ。ということは、脳にとってはマイナスになる。つまりは、引き算。ボクの脳のなかで、その引き算が始まってしまった。始まってしまったのだから、もう後戻りはできない。まずは、そのことを事実として認めなくてはいけない。

「ボケる」は避けられないから

テレビを見ても、「ボケないためには」という、踏切の手前のようなことしかやっていない。

もうボケが始まっているのに、いまさら「ボケないためには」といわれてもピンと来ない。それに、みんながやっていることは、ボクはだいたいやらないことにしている。だから、テレビでいっているようなことはやらない。

「え〜と、ボケはマイナスだから……、あっ、簡単じゃないか。プラスしていけばいいんだ！」

忘れるものは、どんどん忘れていく。その代わり、忘れた以上にプラスしていく。足し算していく。

「マイナス2にプラス3をすると、プラス1じゃないか。何だ、そういうことか！」

プラスをするためには、脳に新しいことをどんどん覚えさせればいい。でも、どこへ行けば、新しいことをどんどん脳に詰め込めるのだろう？

そう考えていたら、突然、大学が思い浮かんだ。

これまで仕事のことでは脳ミソにタコができるくらい考えてきたが、学校の勉強のようなことはほとんどしてこなかった。だから、大学で学ぶことは、ボクにとっては未知のもの、新しいものだらけに違いない。

「よ〜し、大学だ！」

それが、大学へ行こうと思ったきっかけなの。

「新しい言葉」はどんどん覚えたい

それはわかったとして、「でも、どうして仏教学部なの？」という人もいるかもしれない。ボク自身、それまで仏教に特別に興味や関心があったわけではない。

仏教学部を選んだのは、ボクがボク自身に対して若いころから感じていたことに関係している。

「ボクには『言葉』が足りない」

そのことがずっと気になっていた。

坂上二郎さんと結成したコント55号が大ブレイクして、寝る暇もないほど忙しくなったころ、スポーツ新聞や芸能雑誌からたくさん取材を受けるようになった。記者さんやレポーターの人たちが、いろいろなことを聞いてくる。でも、それに答えようと思っても、自分の気持ちやいいたいことをうまく伝える言葉が見つからなかった。それは、ボクのなかに言葉がないということ。圧倒的にボキャブラリー不足だった。

ボクは高校を卒業してすぐにコメディアンの修行を始め、どちらかといえばカラダを使った笑いを追求してきた。コント55号などはその最たるもので、当時のことを知っている人ならわかると思うが、もう舞台のあっち端からこっち端まで飛び跳ねていた。あんまり動きが激しいので、テレビカメラが追い切れないこともあった。

その一方で、ボクは激しく言葉を探し求めていた。

いい言葉は、いい運をつれてくる

言葉というのは、ボクにとってはそれほど大事なものだ。

ボクは、人は誰でも一生のうちに、「いい運」と「悪い運」が半分ずつやってくると信じている。でも、いい言葉を使えば、そのいい運は、もっとすばらしいものになると思っている。

だから、70歳を超えて、しんどい受験勉強（いま思い出しても大変だった！）をして、せっかく大学に入るなら、言葉をたくさん覚えられるところがいい。それも、いい言葉、ステキな言葉を。

でも、どういう大学に行けば、そういう言葉にたくさん出会えるのだろう？

そこで浮かんできたのが仏教学部だった。

仏教といえば、お釈迦さん。お釈迦さんが話したことは、いい言葉、ステキな言葉、深くて味わいのある言葉のオンパレードだ。お釈迦さんだけではない。長い歴史を持つ仏教には、いい言葉やステキな言葉が満ちあふれている。

ボクたちが普段、何気なく使っている日本語のなかにも、仏教から来ている言葉が数え切れないほどある。そういう言葉を大学でたくさん知りたい、覚えたい、学びたい。それが、ボクが仏教学部を選んだ理由だ。

ついでにいえば、駒澤大学に決めたのは、プロ野球の読売ジャイアンツで活躍した中畑清さんと関係している。ボクが社会人野球チームの茨城ゴールデンゴールズの監督をしていたときに知り合いになった中畑さんが、母校の駒澤大学で講演することになった。そのときに、「欽ちゃん、一緒に来てくれない？」と声をかけてくれた。それがきっかけで、受験するなら駒澤大学だと決めていた。

あんこを4か所から
チューチュー吸ったらなくなった⁉

ボクは社会人特別入学試験という枠で受験したが、試験は小論文、英語、面接の3科目だった。受験する前の半年間くらいは、もう必死。あれだけ集中して勉強したことは、それまでの人生でなかった。

小論文と面接は何とかなると思ったが、問題は英語だった。受験勉強を始めた最初のころは、とにかく脳が抵抗した。なかなか覚えてくれようとしない。脳にとっては、いまさら英語を覚えるなんて思っていなかっただろうから無理もない。すっかり安心して、アクビでもしていたと思う。そこへ急に「覚えるぞ！」となったのだから。

参考書のレッスン1から始めて、どんどんやっていった。一通り終わって元に戻ったら何と2割も覚えていない。「あれ〜、何だろコレ!?」と驚くくらいひどかった。若いころなら一通りやれば6割ぐらいは覚えられたのに、いくら何でもひどすぎる。

ボクが生み出した「日本語で英単語を暗記する」方法

だらけてしまった脳を変えなくてはいけない。脳とのつきあい方を変えなくてはいけない。それで、「英語を覚えるのではない。日本語を覚えるんだ」と、脳にいい聞かせた。

どういうことかといえば、英語の勉強は、話す（発音する）、単語や熟語を覚える、文法を覚えると、だいたいこの三つから成っている。この三つを全部一緒にやろうとするから、脳が抵抗する。その抵抗を解くには、何かを切り捨てなくてはいけない。

だから、単語を覚えるときは発音は無視して、覚えることだけに集中した。発音は、好き勝手に日本語読みにすることにした。

たとえば、unfortunately という単語がある。不運にも、とか、残念なことに、という意味だ。

この単語を覚えるときは、un、for、tu、natelyと単語を分解し、それぞれに日本語をあてていった。そして、「あんこを4か所からチューチュー吸ったらなくなった」という日本語の文章にした。

このときに、ネズミがあんこをチューチュー吸っている絵を頭に思い浮かべて、あんこがなくなったら、不運だよな、残念だよなと、意味を覚えるようにした。

こうして難しい単語を日本語読みにして、頭に絵を思い浮かべながら覚えていったら、脳が受け入れてくれるようになった。

それで、英語の試験は何とか乗り越えることができた。そうやって全部を完璧に覚えるのではなく、何かを一つ捨てることで、試験には十分、対応できる。

だから、試験勉強というものはやみくもに勉強することも大切だけど、勉強の仕方や方法を考えることも大切だ。

「勉強しろ」と言わなかった母

ちょっと話が飛ぶが、親から「勉強しなさい」、「宿題やったの？」といわれている子どもは、だいたい学校の勉強ができない。それは、親が勉強しなかったからだ。勉強した親というのは問題の解き方や答えを教えるのではなく、勉強のやり方や方法を教えることができる。

たとえば英語だったら、お母さんはこういうふうにして英語を勉強したとか、数学だったら、お父さんはこうやって覚えたとか、その勉強のやり方を知っている。それは、そうやって自分が勉強した経験があるからだ。さらに、うんと勉強ができたお母さんやお父さんは短時間で要領よく覚える方法も知っているから、それを子どもに教えることができる。だから、そういう親の子どもは、勉強ができない親の子どもの3分の1くらいの時間や労力で済んでしまう。

自分の母親のことをホメるのも照れくさいが、ボクの母親は勉強の仕方を教えるのがうまかった。たとえば、漢字のテストがあるとする。すると母親は、ボクに新聞に入っているチラシを持ってこさせる。昔のチラシは両面刷りではなくて、裏が白かった。それを二つ折りにして、一方の側に漢字を書いて、もう一方の側にその読みを書く。それで、「これは勉強じゃないよ。クイズだからね」といって、漢字の読みを答えさせる。

もし間違えたら、その漢字を鉛筆で刺す。チラシを開いてみると、刺したところには、たとえば豚コマ100グラムの絵が載っている。すると、漢字を間違えたとは思わない。豚コマを間違えたと思う。でも、そのほうが記憶に残る。実際のテストでその漢字が出てくると、「あっ、豚コマ100グラムだ！」と、すぐに読み方を思い出すことができる。おもしろいと思った。そういうふうに、ボクの母親は勉強の仕方をいろいろ教えてくれた。

もし、この本を読んでいる人が、かつて勉強ができたおじいちゃんやおばあちゃんだったら、孫に「勉強したか？」、「宿題やったの？」と聞くより、勉強の仕方を教えてやるのがいいんじゃないかな。

いちばん前の席で、講義もほとんど出席。それでもテストを受けなかった理由

大学の講義には、どうしても外せない仕事のときなどを除いて、ほとんど欠かさず出席している。しかも、どんな講義を受けるときも、教室ではいちばん前の席に座る。それは、やる気を見せるため。ボクと同じように教室の前のほうに座っているのは、やっぱりボクのように社会人入試で大学に入ってきたおじさんやおばさんが多い。そのおじさんやおばさんたちは、本当によく勉強している。

考えてみると、それは当然のことかもしれない。

ちょっと厳しいいい方になるかもしれないが、普通の学生は、「流れ」で大学に来ている人が多い。高校を卒業して、社会に出る前の通過儀礼として、あるいは就職のための必要条件を満たす目的で大学に来ている。彼らにとっては、大学で学ぶことが

いちばんの目的ではない。大学に在籍していたということ、そこを卒業したということが大事だ。それに対して社会人入試で入ってきた人たちは、大学で学ぶことが何よりの目的だ。そこで学びたいから来ている。だから、学ぼうとする意欲が普通の学生さんとは初めから違う。

これから超高齢社会がさらに進むなかで、そうした人たちが増えていくのはいいことだと思う。そして、その一方でいわれている少子化ということを考えても、これからの大学は、学ぶ意欲のある社会人に学びの場を提供していくことが一つの役割になっていくのではないだろうか。

ちょっとエラそうなことをいったが、人学で学ぶというのは結構、大変なことだとつくづく実感している。学校というところは、こちらが学びたいと思うことだけを教えてくれるところではない。こっちが学ぶ気がないことまで、どんどん押し寄せてくる。それが、学校で学ぶということだ。「あなたが知りたいことは何ですか?」なんて、学校は聞いてはくれない。逆に、これは必要だと判断したものを教えるところが学校だ。だから、学校は学ぶところではなく、教えてくれるところだと考え方を変えたほうがいい。ボクは教えてもらうために大学に通っている。するると、学校とのつきあい方も変わってくる。どこかに行きたくて、道がわからなくなったときに、人に教えてもらえるとうれしいものだ。その教えてもらってうれしいことだけを受け入れればいい。すると、学校というところはそんなにつらいところではなくて、むしろ楽しいところになる。

先生が生徒を「えこひいき」するのは当たり前

教えてくれる先生や教師は大好きだ。こっちが好意を持っているということはちゃんと伝わるもので、教師のほうでも、「あっ、オレを好いてくれている」と思うと、成績をつけるときにそれなりに心のゆるみが出てくる。まあ、大学の成績表は、Sとか、Aとか、Bとか、小学校のときと比べて味気ないものだが、自分を好きになってくれた学生には、Bの成績でも、「こいつ、Aにしちゃおうかなぁ」という気持ちが働くことが、絶対あると思う。

だから、まずは先生を好きになることだ。先生を好きになると、先生が教えてくれることを聞こうという気になる。そうやって好きなことだけを覚えていくようにすれば、学校は楽しいところだと思う。

ボクの成績は「S（最高）」か「F（不合格）」のどちらか

講義にほとんど欠かさず出席して、いつも前の席で先生の話を聞いているというと、さぞかし成績がいいんだろうと勘違いしてくれる人がいるかもしれないが、残念ながらそうではない。大学1年生を終了したときの僕の成績は、最高ランクのS（Aの上）と、不合格のFの真っ二つに分かれてしまった。

「Fなんて、よっぽど試験の点数が悪かったの？」

といわれそうだけど、そうではない。Fを取った科目は、そもそも試験を受けなかった。それも、仕事が入って受けられなかったというのではない。受けようと思えば受けられたが、ボクは自分の意思で試験を受けなかった。

「欽ちゃん、どうしてテストを受けなかったの？　せっかくがんばって毎回、講義に出席して、予習や復習もきちんとやっていたのにもったいない。試験を受けなかったら、単位をもらえないよ」

先生や若いクラスメートたちから、そういわれた。彼らのいう通りだ。試験を受けなかったら、単位をもらえない。それはわかっている。でも、あえてそうしたのにはわけがある。それを説明する前に、ちょっと大学の成績のつけ方を紹介しておく。もしかしたら、これは駒澤大学だけかもしれないし、先生によっても違うかもしれないが、ボクは他の大学に行ったことがないので、それ以外は知らない。

まず、講義への欠席は、1科目あたり3回まで許される。4回以上休むと、単位はもらえない。それがいわゆる出席点で、それで40点をもらえる。単位をもらうためには60点以上必要だから、あとは試験で20点以上稼げばいい。その規則をうまく利用して、若いクラスメートたちは3回は休んで、残りの分は試験の点数でカバーする。でも、考えてみてよ、100点満点の試験で20点だよ。大学や先生には失礼かもしれないが、どれかに丸をつけたり、ＡＢＣを選んだり、当たらずといえども遠からずのことを書いておけば、それで20点ぐらいはもらえるのではないかな?

そういうことがあるから、どうしてボクが試験を受けずに、わざわざ単位を落とすようなことをしたのか、みんなにはわからなかったのだと思う。でも、最初のほうでも書いたけど、ボクが大学に行こうと思ったそもそもの理由は、マイナスによってボケていく脳に、なんとか新しいことを覚えさせること、つまりプラスをすることで、ボケを食い止めることだった。

別に単位を取って、4年で卒業することがボクの目的ではない。その基本は忘れてはいけないことだと思っている。もちろん若い子たちがしっかり単位を取って、きちんと4年で卒業していくのは大切なことだ。なぜなら彼らのほとんどは、親から学費や生活費を出してもらっているのだから。

でも、ボクは違う。ボクが単位を取れなかったとしても、誰にも迷惑はかけない。卒業するまで5年かかろうが、6年かかろうが、そんなことは関係ない。その意味で、ボクは純粋に大学生活を楽しむことができている。もしかしたら若いクラスメートたちは、「欽ちゃんは、いいな」とうらやましがっているかもしれないね。

人生は、勝つか、逃げるか

これまで話したことは、自分の意思で試験を受けずに単位を落とした科目があるのはなぜかという説明の半分にすぎない。残りの半分は、ちょっと大げさないい方をすれば、ボクの人生の生き方と関係している。どういうことかといえば、ボクはこれまで生きてきたなかで、人生は「勝つか、逃げるか」のどちらかだと思っている。普通なら、「勝つか、負けるか」だけど、ボクは負けるとわかっている勝負は逃げることにしている。勝てそうだったら勝負するが、はじめから負けそうだったら逃げる。

「負け癖」は、人生をつまらなくする

実は負けるということは、思っているほど単純なことではない。

「負け癖」という言葉があるが、負け続けていると、そのうち「負けてもいいか」という気持ちになる。すると、勝てることにも勝てなくなってしまう。

それは人生をつまらなくさせることだ。

この負け癖をつけないためにも、負けるとわかっているようなときは、無理に勝負をしないで逃げたほうがいい。ボクはそう考えているし、実際、そうやって生きてきた。

試験を受けなかった科目は、負けるとわかっていたからだ。ボクにとって試験で負けるというのは、50点とか、60点しか取れないときのこと。70点でも勝ったとはいえない。勝つというのは、80点以上のとき。もちろん、100点なら完勝だ。だから、勝つ自信がなかった科目は、最初から試験を受けなかった。当然、成績はF（不合格）。でも、それでいい。Fになった科目は、2年生になってから同じ講義を受けた。それでボクはその科目を、みんなの2倍勉強したことになる。

それが、ボクなりの大学生活の楽しみ方だ。

この年になって大学に入って、負けるとか、つらいとか、イヤだなという思いはしたくない。それは、ボクにとってはムダなこと。そんなボクの思いが伝わったのかどうか、「この科目は、どうしても単位を取ってください」とか、「ぜひ、試験を受けてください」とか、学校のほうもいわなくなった。

学校の規則は学校の規則、でもボクにはボクの規則がある。だから、やっぱりボクがいちばん大学生活を楽しんでいるのかもしれない。

やる気がなくなるような規則は、なくていい

大学で若いクラスメートたちを見ていて感じるのは、意外とみんな、学校の規則に従順だということ。さすがに法律に触れるようなことはいけないが、学校の規則などというものは、それを破ったところで大した罰はない。単位をあげないとか、卒業させないとか、その程度のことだ。だったら、自分で規則を変えようと闘ったほうがおもしろい。

これは、家庭や会社でもいえること。たとえば、ボクは自分の会社を持っているが、

始業時間など決まっていない。自分が働く時間は、自分で決めればいい。会社に来るのも自由、会社から帰るのも自由。日曜日に来たければ来てもいいし、長期に休んでも構わない。

もっといえば、ボクの会社は一応、芸能界に関する事務所だが、それ以外の仕事をしてもいい。ラーメン屋さんをやりたいという社員がいたら、それもオッケー。この会社をIT企業にしたいと思うやつがいたら、勝手にやればいい。もし、それで失敗したとしても、自分がダメだったと思えばいいだけのことで、「あいつはダメだ」と、会社がレッテルを貼る必要はない。

規則に関して、ボクはそんなふうに考えている。要は、規則のせいで、あれもできない、これもできないというくらいなら、自分で規則を作ったほうがいいということ。あるいは、それがあるおかげで、若い人があれもできない、これもできないと萎縮するような規則なら、そんな規則は、できるだけなくしたほうがいい。

ここで、ボクが若い人をどう見ているかということについて、少し話をしておこう。

たとえば、会社などで若い人を見ていると、与えられるといい仕事をする人と、与えられるといい仕事をしない人という2種類がいる。また、新しいものを作るのに向いた人と、作ったものを維持することに向いた人の2種類がいる。

その違いをはっきり見分けることが、会社の上のほうの人の力量だと思う。

新しいものを作るのに向く人と、作ったものを維持するのに向く人

放送作家や構成作家を例にすればわかりやすいが、新しい番組を作らせるといいものを作る作家がいる。でも、その作家が同じ番組を続けてやっていくと、だんだんと悪いほうに向かってしまうことがある。おそらく、新しいものを作るのに向いた作家は、飽きやすいのだろう。

その反対に、新しいものを作るのはそれほど得意ではないが、すでに人気のある番組を維持していくのに向いた作家がいる。そういう作家は、来月はどうするか、来年はどうするかと、先々のことをじっくり考えながら番組を作っていく。

だから、新しいものを作るのが得意な作家には、次から次に新しいものを作っても

らって、それが当たったら、今度は維持するのが上手な作家に交代する。若い人と一緒に仕事をするときには、そういうことが大事だ。

遊びで努力しない人は、仕事でも努力しない

それをどうやって見分けるかというと、一緒に遊んでみるとよくわかる。たとえば麻雀でもいいし、ゴルフでもいい。それも、普通にやるだけではつまらない。やりながら、どんどんルールを変えて複雑にしていく。すると、とにかく勝負にこだわるタイプか、勝負よりも遊びを続けることにこだわるタイプか、よくわかる。前者は新しいものを作るのに向いているし、後者は維持するのに向いている。

こうしたことがわかっていないと、若い人たちと一緒に仕事をしていても、なかなかうまくいかない。もっとも、若い人と一緒に遊ぶのは、そういうことを判断するためだけではない。そもそも遊びで努力しない人間は、仕事でも努力しない。そういったことを見極めるためにも、若い人と一緒に遊んでみるのもいいものだよ。

若いひととつきあうということ

せっかく大学に入ったのだから、単位を取ることだけに汲々としたり、規則に縛られたりするより、自分らしい学生生活を送って、「欽ちゃん以上に大学を楽しんだ人はいない」といわれて卒業したい。そんなボクにとって、大学での楽しみはいろいろあるが、先生とのやりとりもその一つだ。

「大人の会話」とは何か

たとえば、試験前にボクは先生にこんなことをいう。

「先生、試験がありますというだけでは、誰も来ないよ。もうちょっと集中的に勉強をやろうという気にさせなきゃダメだよ。講義でやったところを全部出すなんていってないで、もう少し範囲を狭めて話をしなくちゃ。たとえば、10個やったなかから5個しか出さない、とか。でも、それでもまだダメ。5個出るというだけなら、結局10個全部、勉強しなくてはならない。どこを勉強したらいいかわかれば、みんなもやる気になると思うけど……」

そうやって先生から、「ここと、ここと、ここあたりが出る」とか、「このへんをよく調べておけば大丈夫」という言葉を引き出す。そのやりとりを聞いて、一緒に授業を受けている学生たちも大喜び。当然、試験の結果もいい。

試験のあとで先生が「びっくりするほど、みんなよかった」というが、あらかじめどこが出るかわかっているから当たり前だ。これが、大人の会話というものだ。こういう会話が成り立つのも、大学ならではだと思う。世の中に出たら、こういうやりとりが大事だということを若い学生さんたちにわかってもらいたいという気持ちも少しはある。

もちろん、全部の先生が、そういうわけではない。その先生の場合は冗談が通じるから、こっちもその気になるだけ。そういえば、「どうして仏像は中が空洞で、軽くできていると思う?」と聞かれたことがあった。「泥棒が持って逃げやすいように、です」と答えたら、「当たっている」という。こっちはギャグで答えたから驚いた。

本当の正解は、泥棒ではなく、お寺に火事があったときに、お坊さんたちがすぐに大事な仏像を持って飛び出せるようにするためだ。やっぱり大学の授業もおもしろくなくてはいけない。

「こいつ、すごいな~」と思う若者

当然のことだが、ボクのまわりは20歳前後の若い人たちだらけだ。なかには、ボクと同じように社会人や元社会人もいるが、そういう人は、まだまだ少数。おじいちゃんと孫ほど年齢差があるが、その若い学生たちとしゃべったり、一緒に学んだりすることは、なかなかおもしろい。

世間にはよく、「若いやつのことなんか知らないね」という年寄りがいるが、それはきっとおもしろい若者に出会っていないからだと思う。たしかに、若い人のなかにはつまらないやつもいっぱいいて（それは年をとった人でも一緒だけどね）、「こいつ、優れてるな〜」と感心するのは2割ぐらいしかいない。でも、その2割を探すのがおもしろい。そういう若者に出会えると、これから先、自分の夢もその人たちが作っていく未来に託せるような気がする。

それと、若い人のなかには意外と素直な人が多い。そういう人に何かひとことというだけで、コロッと一気に変わるからおもしろい。そのひとことで、こっちがいきなり恩人になったりすることもある。若者と一緒にいるということは、そういうチャンスがあるということだ。そんなチャンスは、滅多にあることではない。

でも、逆の見方をすると、それはとっても怖いことでもある。たったひとことで、若い人の人生を左右してしまうことにもなるからだ。だから若い人に声をかけるときは、気をつけたほうがいい。よくない言葉をかけると、若い人をつぶしてしまうことにもなりかねない。

若い人自身も、そういうことに気をつけたほうがいい。

「若いやつのことなんか知らないね」というような人には、あまり近寄らないほうがいいかもしれない。よくない言葉を聞くと、知らず知らずのうちに影響を受けて、ロクな大人にならないから。言葉というのは、それほど大事なものだ。

テレビで見かけた、ある球児の「いい言葉」

最近、いい言葉だなあと思ったのは、去年の夏の甲子園の決勝。優勝した花咲徳栄だったか、準優勝の広陵だったか、どっちかは忘れたが、ツーアウト満塁のシーンでベンチからマウンドに伝令の選手が飛んで行った。試合後に記者が、「あそこで監督からどんな指示があったのですか?」と選手に質問したら、

「いい練習になるよ」

といわれたという。満塁の大ピンチで、そんな言葉を選手にかけてやれる監督はすばらしいと思った。

それと、敗れた広陵の最後の打者になった選手がいった言葉が翌日の新聞に載っていたが、それがまたすばらしかった。何でもその子は、中学3年のときに広陵の野球

部の見学に行ったらしい。そこで監督から、

「甲子園に行きたい気持ちだけなら、他の高校に行け。男として修業して成長したいなら、広陵に来い」

といわれて、広陵に入ったという。最後に、「監督についてきてよかった。目標は監督のような男になることです」と書いてあった。監督もアッパレだけど、生徒もアッパレだ。

若い人とつきあうというのは、そういうステキな出会いのチャンスに巡り合えるかもしれないということだし、そこでいい言葉のやりとりがあれば、その出会いはもっとすばらしいものになると思う。「若いやつのことなんか知らないね」といって若い人を拒んだり、遠ざけたりしている人には、そういうチャンスは決して巡ってこない。

「どうしたの？」と、察する力がある人は、どんどん成長する

優秀な若者は2割ぐらいしかいないという話をしたが、優れていると思わせる要素の一つは、「察すること」ができるかどうかということだ。察する力のある若い人には、なかなか出会えない。

「貧しい家の子」は察する力が蓄えられる

全部が全部というわけではないが、察する力というのは、貧乏から生まれてくると思う。貧乏だと、周囲をよく見ないと生きていけない。ボクらの若い時代は貧乏だったから、まわりが見えないと仕事にならなかった。そうやって周囲をよく観察するこ

とで、察することの大切さに気づく。

若い人に、「おウチはどうだったの？　小さいときに貧乏した？」と聞いて、「貧乏した」と答える子は、察する力を持っている子が多い。裕福に育った子は、やっぱり察することに関しては鈍い。察する必要がなかったから、それは仕方のないことだけど。最近の若者はそんなに貧乏して育っていないから、察する力がある子は少ない。

でも、一方に金持ちがいるということは、一方に必ず貧乏人がいるということだから、いまの若い人でもそれなりに苦労している人はいる。そういう人は、察することに非常に長けている。とくに意識しなくても、自然とそうなってしまう。

女優の田中美佐子さんにある「聞く力」

もう一ついえば、いまの若い人は総じて、ものごとを覚えようとしない子が多い。「教えてください」といってくる子も少ない。だから逆に、察する力のある子、敏感な子、気づくのが速い子は、ちょっと教えてあげると人より伸びるのが速くて、すぐに頭角を現わす。

ボクには、教えることに関するおもしろい伝説がある。それは、「聞いちゃ、ダメ！」という言葉だ。わからないことがあっても、ボクに質問してはいけないことになっていた。それが伝説として、かなり長い間、芸能界に知れ渡っていた。だから、若い人は誰もボクに聞きに来なかった。

でも、一人だけそうではない人がいた。それは、女優の田中美佐子さん。ボクが演出する舞台に何度も出演してもらったが、彼女はあるときから、お笑いが実に上手になった。不思議に思ったまわりの人たちが、「美佐子さん、どうしてそんなにお笑いがうまくなったの？」と聞いた。

「だって、大将に教えてもらったもの」

「えっ、美佐子さん、知らなかったんですか。大将には聞いちゃダメって？」

「知ってたわよ。でも、なんで聞いちゃいけないのかわからないから、私、聞きに行ったの。そしたら、教えてくれたよ」

本当のことをいえば、若い人に教えないというつもりはまったくなかった。わからないことがあったら、わかる人に聞いて教えてもらったほうが覚えるのが早いに決まっている。聞かないよりは、聞いたほうがいい。だから、「教えてください」という人がいたら、教えてあげるつもりだった。でも、あえて「聞いちゃ、ダメ！」といったのは、一人や二人ならいいけど、みんなが一斉に聞きに来るようになったら、自分の時間がまったく無くなってしまう。だから、「聞いちゃ、ダメ！」だった。

それを、田中美佐子さんは察したのだろう。それで、ボクのところに笑いについて聞きに来た。だから、教えてあげた。それで、彼女はお笑いが上手になった。結局、聞きに来たのは、彼女一人だけだった。

察する力のある若い人に出会うのはなかなか難しいことだが、出会えたらうれしいし、ちょっとは応援しようという気にもなる。そんな出会いを求めて、ボクは今日も大学に通っている。

第2章 あたりまえだけど、定年後も人生は続くから

定年とは、紙の「表」を書き終えて、「裏」を書き始めること

定年になって、次に何かをしなくてはならないと思っているなら、一日も早く勤め先を辞めたほうがいい。定年の1年前でも、2年前でもいいが、その時点で辞めれば、そこから定年までの時間を今後のことを考える時間に使える。

ボクがわからないのは、どうせ辞めることになっているのに、どうしてあんなにきちんと定年まで勤めるのかということだ。

定年が近くなると、会社もその人には大きな仕事を与えなくなるし、雑用のような、店じまいのちょっと手前くらいの仕事しかやらせてもらえなくなる。そんな状況に甘んじて、「これも給料のためだ」などといっていないで、さっさと辞めて、次にやることを考えたほうがいい。

定年前に、会社を辞める

たしかにボクのまわりでも、定年まで会社に残る人はいる。それはその人の人生だから、ボクがつべこべいうことではないが、「こいつ、優れてるなぁ」と思う人ほど、定年まで3年とか、5年を残して辞めていく。どうせ次のことを考えなくてはならないわけだから、早めに辞めて、それを考えたほうが楽しいと思う。

ボクが思うに、定年というのは、紙の表を全部書き終えたということだ。それで、定年後というのは、まだ白紙のままの紙の裏に、新しい何かを書き込んでいくことだ。何を書くかも、どう書くかも、人それぞれ。自分が思ったように、自由に書いていけばいい。

表に書かれてあることは、あくまでも参考書程度だと思えばいい。せっかく白い紙を渡されているのに、わざわざひっくり返して表にして、そこに書かれてあることを見て、「あぁ、昔はよかった」とか、「もう少しがんばればよかったな」とか、そんなことを嘆いていても始まらない。新しいページができたのだから、これからがんばればいい。

書き進めていくうちに、何か困ったことやわからないことがあったら、お日様に透かして、表に書かれてあることを見るくらいでいい。もちろん参考書だから、見なくていい人は見る必要はない。せっかくの白い紙だから、書くのに使うペンも新しいのがいいかも。インクの色も、これまでとは違う色がいい。

ドラマなんかでよく、「お父さん。定年、ご苦労さん」という言葉が出てくるが、ボクにいわせたら、そんな言葉はもう古い。

「お父さん、表面が終わりましたね」

そのくらいの言葉を聞きたい。

「これから裏面の人生が楽しみね」なんて奥さんがいったら、断然かっこいい。ダンナさんも、「よし、これからは裏で生きていくぞ！」と、元気な声で応える。そんな会話があったら、それだけで楽しくなる。座して定年を待つのではなく、さっさと辞めて、新しい紙を手に入れたほうがいいと思うよ。

会社に「定年部」があるといい

定年に関しては、会社のほうももう少し考えたほうがいい。

ある年齢になったら、定年で一律に会社を辞めてもらうというのは、なんだか当たり前すぎておもしろくない。そこで提案だが、社長さんの一存で、会社の中に「定年部」という部署を作るのはどうだろうか？

定年になったけれど、まだ会社に来たいという人には、その定年部に籍を置いて、勝手に会社に来てもらう。もちろん、身分は元会社員。だから、正式な給料はない。それでも会社に来たいという人がいたら、その人は本当に会社を愛している人だということがわかる。社長としても、それだけ会社が愛されているとわかれば、気分がいいに決まっている。

では、定年部に来て何をするか？　これは、まったくの自由。何をしてもいい。「会社の中庭が殺風景だったので、花壇を作ろうと思います」という人が現われるかもしれない。「会社の前の道路がいつも汚いので、掃除しようと思います」といって、毎日、ほうきをもって掃除を始める人がいるかもしれない。それを見て気に入ったら、社長がポケットマネーで昼メシ代ぐらい出せばいい。

定年部の元社員にとっては、ある種のボランティアだが、そこから何か新しいもの、とんでもないものが生まれるかもしれない。社員のときは、鳴かず飛ばずだったが、かえって定年になってからすごいことを成し遂げて、それが話題になれば会社も脚光を浴びる。

「あれっ、部長じゃないですか？」

「おっ、山田じゃないか。元気にやってるか？」

「定年になったのに、何でこんなところでペンキ塗ってるんですか？」

「何でって、ずっと汚いと思ってたから勝手にペンキ塗ってんだよ」

「もしかして、部長、定年部ですか？」

「そうだよ、オレ、いま定年部！」

元上司と部下の間で、そんな会話が成り立つかもしれない。

会社としては、別に給料を払わなくていいし、空いている部屋を与えておくだけでいい。会社の業務としてはできないことも、定年部だからできることがあるかもしれないし、現役のときは気づかなかったこと、見えなかったことが、定年部という立場になったことで、かえって見えてくるかもしれない。もしも、そこから収入が上がるようだったら、会社として新たな投資先になる可能性がある。

どうかな、定年部？　そういう会社があってもおもしろいと思うよ。

定年後は、「弟子」になってみる

定年になったら、自分のしたいことをするという人はたくさんいる。その好きなことのために、それまで自分が働いて貯めたお金を使うことは悪いことではないが、それだけでは物足りない気がする。どうせなら、収入になることをやったほうがいい。たとえば、釣りをするといっても、どうせ釣るなら、海魚、それもできればマグロに挑戦するなんていうのがいい。1匹釣り上げたら、かなりの収入になる。だから、趣味も実益を考えたほうがおもしろくなる。

趣味には「二通り」ある

趣味には二通りあると思う。自分一人でコツコツやる趣味と、仲間と一緒にやる趣味。ゴルフなんかだと、一人で行くという人もいないわけではないけど、やっぱり4人ぐらいで回ったほうが楽しいという人が多い。

ボクのまわりで年をとってから趣味にハマったというケースでは、たとえば、『欽ちゃんのどこまでやるの!』でディレクターを務めた人は、一人で畑いじりしている。それまでスタジオの中にばかりいたから、その反動だと思う。仲間と一緒に楽しむほうでは、学生時代にバンドをやっていた人が、定年後にみんなを集めて再びバンドをやっている人がいる。

ただ、一人で何かするのは、話し相手がいないから、ボケる心配がある。ボケないためには、やっぱりしゃべることが大事だと思う。だから、畑仕事を趣味にする場合でも、トマトとか、ナスに話しかけたほうがいい。「オマエ、ずいぶんデカくなったなぁ」とか、「暑くて大変だけど、がんばれよ」とか、ね。しゃべる人は年をとらない。同じ年齢でも、男性よりも女性のほうが若く見えるのは、女性のほうがおしゃべり好きだからかもしれない。

何かの技術を持っている人であれば、定年になってからも、次にまたそれを活かすところが見つかるかもしれないが、ただのサラリーマンだったという人は難しい。どこかに勤めようと思っても、年齢制限がある。そこで、定年で会社を辞めて、次に何をしたらいいかわからないという人のために、一つ選択肢を増やすという意味で、「弟子」になることをおすすめしたい。

何でもいいが、たとえば、包丁研《と》ぎなんていうのはどうだろうか。

職人さんのところに行って、「すいません、包丁研ぎをやりたいので、弟子にしてください」といったら、たぶん雇ってもらえると思う。弟子だから、とりあえず給料はない。でも、弟子としてしっかり働いていれば、そのうち給料をくれると思う。

ゴルフが好きな人なら、ゴルフ練習場に行って、「弟子にしてください」と頼めばいい。弟子だから、別にレッスン料を払わなくていい。タダでゴルフを教えてもらえるから、これ以上のことはない。そのうち自分が教えるほうになれば、お金だって入ってくる。

草花が好きで、花壇いじりをしたいと思ったら、花を生産している人のところに行って、「弟子にしてください」とお願いする。いい仕事をしたら、「お金払うから、このまま続けてやってくれる?」と、逆に頼まれるかもしれない。

米作りをやりたかったら、農家のお父さんのところに行って、「お父さん、弟子にして」という。「弟子⁉ 金なんか払えねえよ」といわれても、「教えてもらえればいいんです」といって手伝っていたら、そのうちお金になるかもしれない。

ボクの大学の同級生、50歳元サラリーマンの話

ボクが通っている駒澤大学仏教学部で、1年生のときに50代のおじさんと同級生になった。

その人は、どうしてもお坊さんになりたくて、定年の5年前ぐらいに勤め先を辞めて、とりあえず大学に入った。それでお寺の息子さんと友だちになったら、そこのお寺が、「そんなにお坊さんになりたいんなら、ウチにいらっしゃい」といわれて、弟子になるために大学を辞めていった。もう目に涙をためて、「欽ちゃん、お坊さんになれるんですよ」と、喜んで飛んで行った。

自分がサラリーマンとしてやっていたときと同じようなレベルや条件で次の仕事を探すから、年齢制限もあって、相手にしてもらえない。弟子なら、そんなこともない。もとは会社の課長だろうが、部長だろうが、弟子として入るときはいちばんのペーペーだから、入っていくためのハードルも低い。それだけ、やりたいことができる。弟子扱いだから、若い人とも同等に話せる。

ボクもそうだけど、若い人たちが面倒を見てくれて、友だちも増える。雇うほうも、弟子だから、支払う給料のことをそんなに考えなくてもいい。かえって雇いやすくなる。

そういうふうに、ちょっと発想を変えると、定年で辞めた後もやることは見つかる。生活のほうは、退職金があるから、それを使えばいいいんじゃない。

自分の老後、奥さんの老後、夫婦の老後。老後には「三つ」ある

大学に通うようになって気づいたが、定年になったから大学に来たという人が少なくない。目的は人それぞれだけど、一つ例を挙げよう。ある人に、「お父さんは、どうして大学に来るようになったの？」と聞いた。

「オレ、サラリーマンだったの。それで定年になって家にいたんだけど、いつもはいないはずのダンナが家にいるから、奥さんが何かソワソワしている。最初は定年で家にいると喜んでもらえると思ったけど、どうもそうじゃない。よく考えたら、それもそうだなと納得した。だって、奥さんがどこかに出かけたくても、オレが家にいるから、簡単に出かけられない。朝メシを食わせたと思ったら、すぐに昼メシ。そうこうしているうちに、今度は晩メシの支度をしなくてはならない。

それを見ていたら、オレは定年になって、奥さんをしばってているという気がしてきた。それで、サラリーマンみたいな時間の潰し方がないかと思ったら、それが学校だった。朝9時から講義があるから、会社の出勤と同じように家を出る。3コマくらい授業を受けて、図書館で本を読んで帰ってくると、だいたい5時ごろになっている。そうやってオレが出かけたほうが、奥さんも以前と同じような動きができるから、心地いいみたい」

この人は、非常にやさしいダンナさんだと思う。週に二日、大学へ行って、行った日は、教室で勉強したり、図書館で本を読んだりして、会社から帰るのと同じ時間になってから帰る。それによって、奥さんになるべく負担がかからないようにしている。

定年になると、自分のことにばかり目が向くかもしれないが、やっぱり奥さんのこともしっかり見てあげなくてはいけない。自分の境遇が変わったことを奥さんも喜んでいるならいいけど、その変化に奥さんが違和感を覚えるようなら、そこはきちんと考える必要がある。だから、定年後は、夫婦でどうしようか考えておかないといけない。これをうまくやるというのは、そう簡単なことではない。でも、困難な分だけ、かえって人生としてはおもしろい。

奥さんに「誕生日プレゼント」してこなかった人へ

夫婦関係ということでいえば、若い人たちはどうか知らないが、最近、定年を迎えたような世代は、ダンナさんが奥さんに対してマメに何かをしてきた人は少ないと思う。なかには奥さんのことを気遣って、誕生日や結婚記念日などにプレゼントを贈ったり、一緒にどこかに出かけたりしてきた人もいると思うけれど、一般的には少ないだろう。ボクなんかも、何もしてこなかったタイプだ。

でも、ダンナさんにほったらかしにされてきた奥さんは、自分でそれなりに楽しみ方を考えながらやっている人が少なくない。奥さんは年をとってからのことを考えて、近所に仲間を作っている。みんなで集まって、ダンナさんのバカ話なんかしているのが楽しいんだと思う。そういうときのために、奥さんが自由に使えるお金を渡してあげるのも大事なことではないかな。

定年後のことを考えるときには、自分の老後、奥さんの老後、夫婦の老後と、その三つを考えておかないといけない。自分の楽しみを優先したいという人は、それまでに誕生日とか結婚記念日にマメに奥さんに尽くしておく。そうすれば、自分がやりたいことに奥さんも理解を示してくれると思う。それまで、そういうことをやってこなかった人は、やっぱり奥さんのことも考えなければいけない。

初めて奥さんに「ありがとう」といわれたとき

ボク自身のことをいえば、最近になって、奥さんとの会話が割と夫婦らしくなってきた。それまでは、ほとんど夫婦らしい会話をしたことがなかった。

「好きなようにしていなさい」といわれていたから、家庭のことはほったらかしにして、ずっと好きなように生きていた。奥さんは、家のことで文句をいうと仕事に影響するだろうと思って、黙ってボクの好きなようにさせてくれた。

お正月に突然、「ハワイに行こうか?」と奥さんにいったことがある。そのとき、「急にいわれても、こっちにも予定がありますトといわれた。それを聞きながら、「あぁ、いい夫婦をやってるな」と、ボクは勝手に思った。なぜかというと、そうやって奥さんは、自分で自分なりの生活をつくってきたことに感心したからだ。

この間、奥さんが病気で入院したので、それまであまり気を遣ったことはなかったけど、おいしそうなものを見つくろって買っていった。そうしたら奥さんが、「ありがとうね」という。それまで奥さんの口から、そんな言葉を聞いたことがなかった。

「オレ、初めてだ。ありがとうって聞いたの」

「えっ、いってなかったっけ?」

「いってないよ!」

「あら、そう」

そんな会話をした。何だか普通の夫婦みたいでしょ。その次も同じようにしたら、今度は「どうも、ありがとうございました」という。だからこっちも、「言葉を変えてくれて、うれしいね」といった。これまで「ありがとうといわないやつだな」と思っていただけに、そんなやりとりでも、なんだか妙に新鮮な気持ちがした。

「いい夫」になりたいのなら、わざとらしいほうがうまくいく

普通の夫婦の会話は、普段からしょっちゅうしていると、かえって窮屈になってくる。むしろ、無神経でいるのがいい。それで、年をとってからそういう会話をすると、つまらないことでも喜び合える。ダンナさんの側から見て、こういうのを「追い込み型」という。日本人の男には、この追い込み型が多いと思う。

奥さんのほうも、かえってそっちのほうがうれしいのかもしれない。これだけほったらかしにして、自分の好き勝手にして、それを取り返そうと、いまになって必死に追い込みをかけているダンナさんの姿を見ているだけで、幸せな気分になれるのではないかな。

だから、追い込むなら、わざとらしく追い込んだほうがいい。照れくさそうにやる

のではなくて、わざとらしいくらいのほうがいいと思う。奥さんのほうも、そのわざとらしさにちゃんと応えてやれば、そこに夫婦のいい関係が成立する。

わざとらしい「夫婦の会話」はおもしろい

「今度の誕生日、思い切ってダイヤでも買おうと思っている。10万とか、20万とかじゃなくてね、50万円くらいのやつ」

「よしなさいよ、そんなの。どうせ、あたしには似合わないから。そんなに気を遣わなくて、いいわよ。安いものでいいから、ブラウスの1枚でも買ってくれれば」

「そうはいかないだろう。オレはそうしたいんだよ。1、2年さ、ゴルフに行くのを何回かやめれば、そんなのなんでもない。オレさ、あなたに対してずいぶん忘れものがあるみたいだから、それを取り返したいんだ」

「気にすることないって」

「そう、かい?」

そうやって、わざとらしい会話から始めたほうが、かえって自然にできるようになっていく気がする。わざとらしかった会話が、そのうち二人の普通の会話になっていく。ダンナさんからだけでなく、奥さんのほうから気を遣うのもおもしろい。

「ねぇ、ねぇ、デパートの地下で松坂牛のいちばん高いやつ買っちゃった！」

「なんで、そんな上等なやつ買ったの？」

「だって、せっかくあなたが定年になったんだから、きょうは豪勢にすき焼きでもしようと思って。あなたには、まだまだ元気に長生きしてもらいたいもん」

「まいったな、それは」

うんと、わざとらしいのがいい。そうすると、お互いに一生懸命、努力しようとしている姿を見せ合える。それがわかれば、どっちも、「普通でいいから」というようになると思う。そのほうが後で気を遣わなくてすむから、かえってラクだ。

「お金、そんなに使いたくないな」とか、「もったいないな」とか、そういうつまらない心のセリフを口にするのではなく、思い切ってウソをいってみればいい。そうすれば、実際には話した金額の半分、いや10分の1くらいですむと思う。

夫婦で出かけるなら、先に場所のリサーチを

夫婦で出かけるときも、ただ何かを見て回るというのではなく、会話が成立するような場所に行くのがいい。そのためには、ブラッと行くのではなく、ある程度、知識を仕入れてから出かけたほうがいい。たとえば、何か食べるにしろ、事前に調べてから行く。

「ここのウニを食べさせようと思ってね。北海道の利尻島で採れたものなんだ。ウニは昆布を主食にしている。だから、昆布がおいしいところで育ったウニはおいしいんだ。利尻島は、ほら、利尻昆布で有名だろ」

「そんなこと、どこで知ったの？」

「いや、ちょっとインターネットで調べてね。今度、ちょっと遠出して、北海道まで食べに行こうか？　本場のウニはもっとおいしいっていうし」

「そんなところまで行かなくても、ここでいいんじゃない？」

「いや〜、ウニだけじゃなく、じゃがバターなんかも全然違うらしいよ」

事前に調べておけば、ごはんを食べながらでも、そんな会話が成り立つ。そうすると、奥さんのほうも興味を持ってくれる。長い間、夫婦をやっていると、そういう会話がどうしてもなくなってしまう。

そうやって、必死に取り返そう、挽回しようとしていることが奥さんに伝われば、実際にはそれほどお金がかからないだろうし、手の込んだ工夫もいらないと思う。そもそも、そこまで何にも文句をいわないで黙ってついてきた奥さんなら、しっかりしているし、そんな散財をしようとは思わないはずだ。

追い込み型を成功させるためには、定年前に、「おもしろそうなことを探しといてよ」と、奥さんにいっておくのもいいかもしれない。「オレは仕事であちこち行ったから、定年になったら、キミが行きたいところにつきあうよ。行きたいところ探しておいて」と、定年の5年前ぐらいにいっておけば、その話題だけで5年間、いろいろな話ができる。奥さんが「お金、かかりそうだわ」といっても、そういうときにはケチなことはいわないほうがいい。

「この前、テレビで見たけど、豪華列車で九州を回りたいな」

「いいんじゃない、それ。のんびりできそうだし」

「でも、二人で200万円くらいかかるわよ」

「200万？　全然、惜しくないよ。キミが行きたいんだったら」

そうやって奥さんの話を聞いてあげれば、結局、奥さんは無難なものを選ぶと思う。

定年になったら、ああしよう、こうしようと自分のやりたいことばかり考えていないで、もし本当にしたいことがあるのなら、まずは奥さんにそういうことをしてからだと思う。

いい言葉が出ない人は「いい行動」を

年をとるにつれて、どうしても言葉が出にくくなってくる。いい言葉が、なかなかいえない。

だから、少ない言葉で人に思いが伝わるようにしないといけない。そのためには、ちょっとしたしぐさや行動で、出なくなった言葉を補う必要がある。

定年で退職したとき、奥さんに感謝の気持ちを伝えたいと思ったら、たとえばハイキングに一緒に行くのはどうだろうか。

山道などのちょっときつい場所に差しかかったら、そっと奥さんの手を引いてあげる。それだけで、言葉はいわなくても、「長いこと、ありがとうな」という気持ちを伝えることになる。「ずいぶん苦労をかけたな」とか、直接いわないで、手を出すだけでいい。その手が、「苦労かけたな」という思いを語ってくれる。

別に山道でなくてもいい。河原なんかでもいい。川べりの石を伝って歩くようなときに、黙って手を差しのべてあげる。60歳にもなって、いまさら「好きだよ」なんてみっともない言葉はいわなくていい。そこで手を貸してあげれば、その行動から「好きだ」という言葉が聞こえてくる。

とくに、それまでさんざん奥さんを怒らせてきたような人は、下手に言葉なんか使わないほうがいい。いまさら、「ご苦労さんだったね」なんていうくすぐったいセリフは、余計にウソっぽく聞こえる。

そんなセリフよりも、なだらかな坂道に行ったら、

「よいしょ」

と引っ張ってあげて（間違っても、「重いな」なんていってはいけない）、

「あぁ、ずいぶん軽くなっちゃって。軽くしたのはオレか？」

くらいのセリフがいいね。


そういうふうに状況に合わせると、意外といいセリフが出てくる。言葉だけだとわざとらしく聞こえるから、行動で示したほうがいい。

そんなときのために、簡単に山登りできるなだらかな山とか、近所の坂道とか、普段からチェックしておいたほうがいい。富士山とか、金比羅さんの石段とかは、自分が疲れてそれどころではなくなるから、よしたほうがいいね。

「田舎暮らしがしたい」ではなく、「田舎暮らしを知りたい」から始める

定年後は、田舎暮らしがしたいという人がいる。

その発想自体が、いかにも都会馴れしている感じがして、そう簡単にはいかないだろうと思ってしまう。

田舎暮らしといえば、昔、こんなことがあった。家を建てようと思って、子どもがまだ小さかったので田舎のほうがいいだろうと、河口湖近くの山の中に決めかけた。

基本的に、そこに住むのは奥さんと子どもだから、最後に奥さんに、「ちょっと見てきてくれる?」といって、見に行ってもらった。「それで、どうだった?」と聞くと、「夜、街の明かりが全然見えないようなところに家なんか建てないで」といわれた。「怖くてしょうがない」という。なるほど、と思った。それまでずっと都会で暮らしてい

た人間が、夜になると隣家の明かりも見えないようなところでいきなり暮らすのは、ちょっと無理だろうと思った。

家ではないが、やっぱり若いころに、北海道まで牧場を買いに行ったことがある。するど、そこの牧場主のおじいさんが、

「売ってあげてもいいけど、一度、住んでみてからにしたほうがいいよ。それで、よかったと思ったら買えばいい」

といってくれた。それで、2、3日、そのへんに泊まったが、メチャクチャ寒い。その間、いろいろと現実的な話も聞いたが、雪も1メートルくらい積もるし、ちょっと用を足すのもけっこう大変だといわれて、住むのは無理だと思ってあきらめた。

田舎暮らしをしたいというのもいいが、やっぱり暮らす前に、そこの土地について知っておいたほうがいい。

だから、最初は「田舎暮らしがしたい」ではなく、「田舎暮らしを知りたい」から始めたほうがいい。できれば、そこの土地で暮らしている人と知り合いになって、そこで実際に暮らすことの大変さについて聞いたほうがいい。それに耐えられると思っ

たら、そこから本当に田舎暮らしを考えても遅くないという気がする。

ハワイはボケが始まる場所？

これは田舎暮らしという言葉に当てはまるかどうかわからないが、寒いのが嫌いだというので、ハワイに移住した友だちがいる。もう30年以上も前のことで、それからずっとハワイで暮らしていたが、突然、「日本に帰りたい」といい出した。理由を聞くと、「ハワイにいると、ボケが始まる」という。

日本から訪ねて来る友だちに、「この前会ったのは、いつだっけ？」と聞くと、日本人はすぐに、「あれはたしか、家を出るときにコートを着ていたから冬だった」と答える。日本には四季があるから、着ている洋服で季節を記憶している。ところが、ハワイで暮らしていると、年がら年中アロハシャツを着ているから、少なくとも着ているもので、それがいつのことだったのかわからない。これは、ボケにつながる。それが怖い。だから、できれば日本に帰りたいといっていた。

その話を聞いて、春夏秋冬があるのはすばらしいことだと改めて思った。季節の移ろいが、ものごとを記憶させてくれる。年をとると、そういう感覚がますます大事になってくると思う。桜が咲いたから春だとか、葉っぱが赤く色づいてきたから秋だとか、そういうふうに自然に敏感になることが、ボケ防止にもつながる。その意味でいえば、もし、どうしても田舎暮らしがしたいという人は、春夏秋冬がはっきりしているような土地がいいということになるかもね。

「田舎に住む友だち」をまずはつくる

いずれにしろ、都会で暮らしていた人が、定年になってから、いきなり田舎暮らしをするのは大変だ。田舎で暮らすことは無理でも、何らかの形で田舎とかかわりたいという人は、田舎で暮らしている人と友だちになるのがいいと思う。

田舎でお米なんかを作っている人と友だちになると、最高だ。新米の季節になると、収穫したてのお米を送ってくれる。とれたてのお米は、いわゆるブランド米でなくても、十分おいしい。新米と聞いただけで、何だかおいしそうに感じるのは、やっぱり日本人だからだろうね。

どこか1か所に決めて田舎暮らしをするよりも、いろんな田舎に行って、そこの人たちと友だちになったほうが、いろんな土地の、いろんな名物を送ってもらえる。定年後は旅行をしたいという人もいるけど、ただ漫然と物見遊山をするのではなく、田舎に友だちを見つけるための旅行がいい。

おいしいお米が食べたいと思ったら、おいしそうなお米を作っているところに行って、米農家のオジさんと友だちになる。

「お父さん、えらいね。この暑いなかで、こんなに汗かいて田んぼの世話をしている。秋にはきっと、うまい米がとれるんだろうね」

といって友だちになれば、そのうち、そのオジさんから新米が送られてくる。

新鮮な天然のタイが食べたいと思ったら、タイで有名な土地の漁港を訪ねて、漁師のオジさんと友だちになる。寅さんのように、「さすがだね、ここのタイは」などといっていると、「いいのが釣れたから送るよ」と、送ってきてくれるかもしれない。

好きなダイコンがあったら、そのダイコンの産地に行って、「オジさんのところのダイコン、何かおいしそうだね」といって、いきなり畑仕事を手伝ったりする。そうやって、海のもの、山のもの、里のものを作ったり、とったりしている人と友だちになる。食べものつながりだから、「食べ友《とも》」なんて呼んで、さ。

1998年に長野で冬季オリンピックがあったときに、ボクは閉会式の司会をやらせてもらったが、そのときに乗ったタクシーの運転手さんといまもおつきあいしている。秋になると、「りんごだよ」といって、ずいぶんたくさん送ってくれる。三重県からは毎年、カキ（海のカキ）が送られてくるし、宮崎県に行ったときに食べた宮崎牛をほめたら、気前のいい人が「送ってやるよ」といって送ってきてくれる。牛肉といえば、ボクが茨城ゴールデンゴールズの監督をやっていたときに友だちになった人からは、常陸《ひたち》牛が送られてくる。

ボクには、そんな「食べ友」が地方にたくさんいる。送られてきたものを見ていると、その人の顔が浮かんできていいものだよ。

人間ドックなんか受けなくてもいい

年をとると、健康のことが気になってくる。

自分ではそんなに気にしない人でも、奥さんや、子どもや、まわりがあれこれいうから、どうしても気にせざるを得なくなる。とくに、ボクのようにタバコをたくさん吸う人だと、「カラダによくないんじゃないの?」とか、「健康のために、本数を減らせば」といわれてしまう。

だからといって、健康のために、とくに何をやっているというわけでもない。この年になると、定期的に人間ドックを受けるという人も少なくないが、それもやっていない。若いときに、年1回、会社から無理やり人間ドックを受けさせられたが、その人間ドックの先生が、「欽ちゃん、無駄だからやめたほうがいいんじゃない?」という。先生が、だよ。

「医者は病気を治すのが仕事だから、元気な人の病気を探すというのは、何だか気ノリがしない。だから、人間ドックなんて受けなくていいんじゃないの？　それに人間ドックというのは保険もきかないから、高くつくんだよ。安くしたいんだったら、人間ドックに行かないで、胃が痛いとか何とかいって、普通に病院に行けばいい。そのほうが保険がきくから、経済的にも安くつくよ」

それを聞きながら、こっちは、「先生、それじゃあ商売にならないでしょう？」といっても、「商売にはならないけど、本当のことをいってるんだよ」と、その先生はいう。そんなこともあって、それからは人間ドックも受けていない。

20代で元気な人ほど、40代以降は要注意

そんなボクだけど、病院には割とよく行く。かかりつけのお医者さんがいて、ちょっと調子が悪いと、すぐに診てもらいに行く。そこは会員制のような病院で、連絡して行くと、待たないですぐに診てもらえる。大学病院のような大きな病院だと、すご

く待たされる。あれが嫌いだ。

その病院に行くと、先生から「欽ちゃん、いい年齢で来るね」とホメられる。

「何が？」

「欽ちゃん、40歳のころによく病院に来ていたよね？　あのときは、胸とかを全部、調べた。それで50歳になったころも、ちょっと調子が悪いといって、よく来た。60歳になったときも同じ。欽ちゃんのように、40代、50代、60代と、節目節目で病院に来るのはいいことなの」

なぜかといえば、健康に問題のない元気な人は、20代で病気をしないと、30代になっても20代のときと同じように生きてしまう。それで40代になっても、やっぱり20代の気分で仕事をしてしまう。つまり、自分が40代のカラダになったということに気づいていない。こういう人が、よく急死する。

ところが、40歳の節目に病院で診てもらうと、「40代になったら、こういうことが起きやすいから気をつけてね」といわれて、20代や30代のときのようにはいかないことを教えてもらえる。それを聞いて、それなりに自重しようと思うようになる。50代になったら、また病院に行く。すると同じように、「50代になったら、ちょっとコレステロールがたまってくるから、コレステロールの多い食べものをちょっと減らすとか、気をつけたほうがいいよ」といわれ、少しは気を遣うようになる。そうしたことが結局、健康を維持することにつながる。

ボク自身のことを振り返ってみると、30歳のときに胆石の手術を受けた。そのときに先生から、「野菜、食ってないだろう?」と聞かれた。たしかに、それまで野菜はほとんど食べていなかった。カツライスを頼んでも、キャベツが邪魔で、カツだけ食べていた。サラダがついていても、いっさい手を出さなかった。「ダメだよ。だから胆石になっちゃうんだよ」といわれた。「あぁ、野菜を食わなきゃ、胆石になるのか」と思って、それから野菜を食べるようになった。

40歳のときには、ちょっと胸が痛くなって病院に行った。

調べたら何でもなかったけど、「いいときに来たね。これからこんなことが起きやすいから、ちょっと気をつけようね」と、先生からいわれた。50歳で病院に行ったときは、「ラーメンの汁とか、最後まで飲むタイプ?」と聞かれたから、「はい、最後まで飲んじゃう」と答えたら、「塩分を控えろといっても難しいだろうから、ラーメンとか、うどんの汁を飲むのだけはやめてくれる？　あれは塩分が多いから」と、教えてくれた。60歳のときも、こういうことだけは少し気をつけてねと注意してもらった。

70歳で、医者に「おめでとう」といわれた理由

70歳のときが傑作だった。

70歳になったので、いつものかかりつけの病院に行った。実はそのとき、ちょっとお腹が痛かった。行ったら、いきなり先生が、「欽ちゃん、いくつになった？」と聞いてきた。「70歳」と答えたら、「おめでとう」という。70歳にもなると、もう死ぬようなガンにはならないのだそうだ。仮にガンになったとしても、何とか治せるようなガンにしかならないし、進行も遅いという。

その日は、ボクがちょっとお腹が痛いというと、万が一があるといけないからと、時間をかけていろいろな検査をした。「う〜ん」といいながら、先生が聞いてきた。「き

のう、お腹のあたりをひねらなかった?」。そういえば、前の日、野球のバットを一振りした。そのことを思い出して先生にいうと、奥からシップ薬を持ってきて、ボクが痛いというあたりに黙って貼ってくれた。「えっ?」という顔をしていると、「ただの筋肉痛だよ。こんなところに内臓の器官はないよ」といって笑っている。

だから、40歳、50歳、60歳というような節目には、別に調子が悪くなくても、とりあえず病院に行ったほうがいい。行って、先生と会話する。そこで先生から言葉をもらうと、その言葉で何となく生き方が変わってくる。それほど意識しなくても、それまでとは生活の仕方や仕事の仕方が少し違ってくる。わざわざ高いお金を出して人間ドックを受けなくても、そのほうが健康のためにはいいみたいだ。

その会員制の病院の先生とは、もう長いつきあいになる。ボクは医者ではないから病気のことはわからないが、長くつきあってもらっているから、その先生はボクの体質や性格、どんな病気にかかりやすいかなど、わかっている。もし、上手な病院のかかり方というものがあるとすれば、こんな感じで長くつきあえる先生と知り合いになっておくことだと思う。

病気になったら病院に行くのは当たり前だが、それだとお医者さんとしても場当たり的な治療になってしまう。その人のカラダのことをよく知っていれば、お医者さんもより適切な治療を、より素早く施すことができるのではないだろうか。だから理想的なことをいえば、病気になる前から、長くつきあえるようなかかりつけの先生を見つけて、40歳、50歳、60歳というような節目節目で病院に行くのがいいと思う。そこで先生に診てもらって、話をして、何にもなくても、お言葉をいただいて帰る。それで、普段の生活では、そのことだけは気をつける。

何かあったときのために、先生と友だちになる

これは、実際にボクが経験したことだが、認知症に限らず、脳や心臓に関する病気だけは早期発見、早期治療がいいといわれて（ほかの病気でもそうなんだろうけど）、日本で3本の指に入るといわれている脳外科の先生の名前を教えてもらった。それだけでなく、それをボクに教えてくれた人がその先生に電話して、会ってもらえること

になった。それで、その先生を訪ねて行った。

「先生、別に頭の調子が悪いというわけではないのですが、何かあったときのために、先生の名刺の裏に、『救急車のみなさん、何かあったら私のところへ届けてください』と書いてもらえませんか」

そうお願いしたら、その通りに書いてくれた。調子に乗って、先生と話をした。

「先生は日本でも3本の指に入る脳外科の先生なんですよね？」

「誰が、いったの？」

「いや、ある情報で、そう聞きました」

「だったら、せっかく来たんだから、脳を見せていきなさい」

そういわれて、その場で脳の検査をすることになった。その結果を見ながら、先生は、「本当だ。どこも悪いところはない」といってくれた。そういうふうに、何かあったときにすぐに診てくれる先生を探しておいたほうがいいと思う。

そのためには、やっぱり情報を集めておくことが大事だ。病院やお医者さんに詳しい友人に聞くとか、新聞や雑誌に掲載された健康記事をチェックしておくとか、何人かが集まったら病気になったときの話を聞くとか、機会があったらそういうことをしたほうがいい。

ボクには何かあったら診てもらえる先生がいるし、その先生も、「何かあったら、すぐに飛んで来なさい」といってくれる。でも、何かあっても、すぐには飛んでいかない。夜中に叩き起こしたりするようなことはしたくない。そういうことをするのは先生に甘えているような気がして好きではない。

実は、この前、ちょっと気分が悪くなって倒れた。それでも、その先生には電話をしないで、別の救急病院に行った。すると、その話を聞きつけた先生が、「何で電話してこなかったの？」といってきた。

「先生のことが好きだから、電話しなかったの」

「そういうときはちゃんと電話してきなさい」

先生は、そういってくれた。

ボクの場合は、そういうふうに、すぐに病院に行ける態勢だけは整えている（実際には、行かなかったりするけどね）。

第3章

いくら正しくても、「常識」はやっぱりつまらない

「大人の常識」を教えてくれた高校時代の先生

いまの世の中の基準では非常識ということになるのだろうが、ボクは高校生のときに、大人の常識を教えてくれる先生に出会っている。

それは国語の先生だったが、テストでボクは70点、隣のやつは60点だった。ところが学期末に渡された通知表では、ボクが10段階の6、そいつは7だった。おかしいと思ったボクは、その先生のところに直談判に行った。

そのとき、先生はこういった。

「あいつの親がさぁ、お歳暮持ってきたんだよ。わかるだろう、萩本?」

それを聞いて、思わず「わかりました」と、ボクは答えた。

「この先生、正直でいいなぁ。普通ならいってはいけないような大人の本音を、高校生のボクに話してくれた」

というのが、そのときの感想だった。それと同時に、こうも思った。

「世の中は、お金を持っている人が得をするようにできている。ボクも社会に出たら、がんばって金を稼げるようになろう」

要は、取り方の問題だと思う。

それを損したと思うのか、その逆に世の中のルールを教えてもらったことで得したと考えるのか、その違いだ。いまは100人いたら99人は、この先生がやったことはよくないことだといぅに決まっている。すぐに教育委員会に訴えたり、マスコミに投書したりするだろう。それが、いまの世の中の常識だ。

でも、常識はつまらない。

むしろ、正しくないことを正しいと思えるほうが、人生はおもしろい。ボクのなかでは、非常識なほうが常識だし、正しくないほうが正しい。

常識だけだと息苦しいが、そこで息苦しさを感じないのが常識を越えた人だ。そういう人が、現実的にいい暮らしをしている。

常識を越えるというのは、簡単にいってしまうと、誰もやっていないことに気づくことだ。みんなは、そういうことに気づく人は特別な才能の持ち主だと思っているが、そうではない。それは決して難しいことではない。

それに気づくことができないのは、常識でものごとを見ているからだ。それが正しいことだと思い込んで、それ以上はものを考えようとしない。

「友だちが大事でした」と安倍総理にもいってほしかったね

去年、「森友問題」や「加計問題」で安倍総理大臣が叩かれたが、ボクは政治よりも友だちを大事にするなんて最高だと思った。

「あなたは政治と友だちと、どっちを大事にする？　オレは友だちが大事だと思ったから便宜を図った。学校の規則より、友だちを大事にしよう。国の政治より、友だちを大事にしよう。それのどこがいけないの？」

安倍総理も、こういえばよかった。ところが、そうはいわなかった。いわないどころか、そんな話は聞いたことがないとしらばっくれた。

友だちのために動くことは、悪いことではないと思う。総理大臣になったら、まずは家族のため、友だちのために動く。それから、近所のため、地方のため、国のために動いて、そのうえでできたら世界のために動く。そうやって身近なところから一つずつ動いて、問題を解決していけばいい。ボクは、そのほうがいいと思う。

さらにいえば、「森友問題」や「加計問題」が表沙汰になったときに、

「あれ、見つかっちゃった⁉」

といえばよかった。

「見つからないようにコソコソやったのではない。見つかるかもしれないと思った。でも、友だちのためにはいいことだと思って、それだけを考えてやったことだ」というニュアンスが、「見つかっちゃった⁉」のひとことでよく伝わったはずだ。そのほうが正直で潔い。

そんなことをいうと、すぐ「正直者がバカを見る世の中だ」などという人がいるが、そういう言葉がすでに常識的すぎる。そういう言葉は上から目線の、いわゆるお利口

さんが口にしがちなセリフに聞こえてしまう。

ボクからすれば、バカを見るような正直者なんて、何てすばらしい人間なのだという ことになる。人からバカだといわれてニコニコしていられるのは、正直な人間以外ありえない。そういう人に会うと、「あいつ、正直者でいいやつだな」と思ってしまう。

捕まえたら報奨金を出す「振り込めサギ」対策

「振り込めサギ」の被害にあうお年寄りがなくならない。調べてみると、平成28年は発生件数が1万3605件（認知されたもののみ）、被害総額が375億円もあった。あれだけ警察も、マスコミも、「被害にあわないようにしましょう」と騒いでいるのに、ほとんど効果がない。

お年寄りが「サギ師を捕まえてやろう」と思えばいいね

たぶん、振り込めサギを知らずに引っかかったという人はいないと思う。みんな、そういうものがあることは知っている。それでも引っかかるのは、逆に引っかからないようにしようとしているからだと思う。引っかけるほうは、引っかからないようにしようと思っている人の心理をうまく利用して、その上を行く。

自分の親や親せきの人に聞いて、振り込めサギに引っかからないような対策をしている、備えをしているという人がいたら、かえって気をつけたほうがいい。そういう人に限って引っかかるから。

それなら引っかかろうと思えばいいのかというと、そうではない。振り込めサギに引っかかったふりをして、捕まえてやろうと思えばいい。ただし、これには前提条件がある。もし捕まえたら、国や警察が300万円（100万円でもいいけど）の報奨金を出す。そうすれば、振り込めサギは終わってしまう。たとえ終わらないにしても、少なくともいまよりは、件数も被害額もガクンと減る。

みんなが同じ方向を向いているから、よくない

お年寄りは300万円もらえるとなったら、真剣に考える。そして、「ワタシのところに電話、かかってこないかな」と、手ぐすねを引いて待つ。振り込めサギから電話がかかってきたら、こうする。

「1000万円ですね？　すぐに用意します。どこに行けばいいんですか？　場所を教えてください。ええ、ワタシ一人で行きますから、どなたに渡せばいいんですか？」

有無をいわせず、そう聞く。すると、引っかけようと思っている振り込めサギのほうが、「あれっ、おかしいな。ひょっとするとオレたちを捕まえようとしてるのか？」と警戒して、すぐにやめてしまう。

もし、その手で振り込めサギを捕まえたという人がいたら、警察もマスコミも大々的に発表したほうがいい。捕まえたおじさんがテレビに出て、「いやぁ、今年はツイていた。2回も振り込めサギから電話がかかってきて、合わせて600万円もいただきました」と、ニコニコした顔でいう。

みんな、オレも、ワタシもと、血眼になる。

お年寄りが集まって、どうしたら捕まえられるか情報交換したり、電話がかかってくるのを待っているようなシーンを放送するのもいい。その程度の予算や仕込みで振り込めサギがなくなるのだから、安いものだ。

これだけ「気をつけましょう」といっているのに、振り込めサギがなくならないのは結局、世の中がみんな同じ方向でものごとを考えているからだ。逆転の発想がないから、引っかけるほうは引っかけやすい。普段から逆転の発想をする訓練をしておくと、サギ被害などにもあいにくくなると思う。ボケ予防にもなるんじゃないだろうか。

とくに年をとってくると、そうした逆転の発想が必要となってくる。

そうした発想ができる年寄りを、周囲の若い人たちは「飛んでるね」といって、おもしろがってくれる。そうすれば、つきあいの輪も広がって、一人ぼっちにならずにすむ。

やっぱり年をとっていちばんこたえるのは、誰からも相手にされずに、孤独に陥ってしまうことだ。たぶん振り込めサギも、そうした年寄りを引っかけることを狙っているのだと思う。

年金を「抽選制」にすれば、老人はもっと元気になる

年をとった人の話を聞いていて、いちばんつまらないというか、がっかりするのは、「年金が少ない」という話だ。そのために、「これからの生活が不安だ」「どうしていいかわからない」と元気を失くしている。

もうちょっと、日本の年寄りには強くなってもらいたい。あと20年もすれば、日本人の3人に1人は65歳以上の人になってしまうのだから、年寄りが元気でなかったら、この国はもたない。

年寄りに元気になってもらうために、ボクから一つ提案がある。

この際、年金を抽選にするというのはどうだろうか？　あっちこっちから「ええ～っ！」という声が聞こえてきそうだが、自分ではいい提案だと思っている。この案は

単に年金をもらう年寄りのためだけでなく、世の中全体のためでもある。

金賞1000万円、ハズレ0円の年金制度⁉

いまは、ある年齢に達したら、みんなに年金を給付するという発想だから、年寄りの比率が増えるにしたがって、年々、年金に回す財源が足りなくなる。だから表向きは消費税を10％に上げて、それを財源にしようとしている（どうやら、それだけではないみたいだが）。それで、大騒ぎになっている。

ボクからいわせると、その発想自体が相当、マヌケだ。消費税が上がったら、それだけ物価が高くなるわけだから、人は消費に回すお金をなるべくケチって、将来のために貯蓄しようと考える。当然、税収は一時的に増えることはあっても、将来にわたって伸び続けるということはない。やっぱり、どこかで年金に回す財源が足りなくなる。それをカバーするために、また消費税を上げなくてはいけなくなる。それもこれも、みんなに平等に年金を支給するという発想から来ている。

だから、年金は限られた財源の中で、毎年、抽選にする。給付する額に応じて、上・中・下でもいいし、松・竹・梅でもいいし、金・銀・銅でもいい。

たとえば、金賞は1000万円×100本、銀賞は500万円×1000本、銅賞は100万円×1万本あたりでどうだろうか？　特賞で3000万円×1本を入れておいてもいい。これは重要なことだが、抽選だから当然、ハズレもある。

そうすると、どうなるか？　まず、ハズレた場合を考えて、気の合う年寄りたちがグループを作るようになる。もし一人だったら、ハズレたときがヤバすぎる。グループだったら、誰か当たった人の年金を山分けできる。たぶん、みんな必死になって仲間を探すと思う。一人で家に引きこもってなんかいられなくなる。これで、老人の孤立問題も解決する。

孤立問題に加えて、子どもが親をないがしろにするということもなくなる。親のほうが強気に出られる。

「オマエたち、オレは今年、年金ハズレたから金はないぞ」といえるし、「オレの面倒を見ておかないと、年金1000万円当たっても、オマエらにはやらないからな」

ということもできる。そうすると当然、子どもたちは親を大事にするようになる。

『年金、こうすれば当たる!』なんてベストセラーになるね

毎年、抽選日になると、もう日本中がお祭り騒ぎだ。

抽選会場のまわりには屋台が出るわ、テレビ局や新聞社が駆けつけるわで、大賑わいになる。抽選会場をシャッター街となってさびれた商店街に設けると、経済効果も期待できるし、町おこしにもなる。

「去年まで2連敗だったから、今年はなんかいけそうな気がする」

「やっぱりこういうのは残りものに福がある」

会場のあっちこっちから、抽選のために集まった年寄りたちの元気な声が聞こえてくる。

できれば、抽選日は1日だけでなく、1週間くらいの期間を設けたほうがおもしろい。どの日に行くか、それを考えるだけで楽しくなる。抽選方法もインターネットな

どはおもしろくない。商店街の福引で使うようなガラガラと回すやつがいい。

「ガラ、ガラ、ガラ、出た〜、金賞！」

「おいっ、誰だよ、当たったのは？」

「佐藤さん、いいなあ！」

当たった人は一躍、ヒーローになれる。「オレ、今年もダメだったよ」とショボくれている年寄りの肩をそっと叩いて、「大丈夫よ。私が面倒を見てあげるから」と声をかけてくれる年増の女性が現われたりして、そこから老いらくの恋が始まるかもしれない。3年連続して当たったような人は、『年金、こうすれば当たる！』という、ガラガラを回すコツを解説した本を書く。売れるよ〜、この本は。ベストセラー街道まっしぐらで、出版不況も吹っ飛ぶね。

それから、抽選は本人が行かないと無効になる。そうすれば、這ってでも行く。抽選日に病気で寝込んでなんかいられなくなるから、普段から健康に気を遣うようになる。健康になれば、それだけ病院に行く回数も減るから、増加し続ける医療費の問題も解決できる。

大事なことを忘れていた。

当たる年金額は、固定ではないということだ。前の年の税収や年金の運用益によって変動する。「去年は税収がちょっとよかったので、銀賞を200本ほど増やしました」とか、「運用がうまくいかなかったので、今年は金賞が750万円になっています」とか、状況に応じて臨機応変に変える。つまり、そのときにあるお金を分け合うということだ。

これなら、財源の心配をする必要もない。抽選にしたら、国だって大助かりだ。みんなに渡そうとするから、財源の問題が出てくるし、もらうほうはもらうほうで、年金が少ないと文句をいいたくなる。こういうのを「悪平等」というのかな。

年寄りに関係する制度は、生きていることが楽しくなったり、元気が出たりする制度でなくては意味がない。制度におもしろさがないから、文句の一つもいいたくなるのだと思う。おもしろい制度を作れない原因は、その制度に関係する当事者、つまり年金を支給される年寄りが制度を作る側に加わっていないからだ。そんなことをいっても、制度や法律を作っているのは国会議員の年寄りたちだろうといいたいのはわかるが、あの人たちはお金に困ったこともなければ、自分たちは議員を辞めた後に年金をもらえるから、一般の年寄りのことを親身になって考えたりしない。

そういうわけで、年金制度は一般の年寄りたちが集まって、ワイワイ、ガヤガヤいいながら作ったほうがおもしろいものができると思う。年金制度に限らず、市や町のレベルでも、年寄りに関係する制度や条例を作るときは、当事者の年寄りたちを集めて、自分たちがおもしろいと思えるようなものを作ってもらう。

ついでにいえば、市会議員や町会議員も、年をとって年金をもらっているような人がなればいい。現役で働いている人に比べ、何といっても年寄りには時間がある。

だいいち、もったいない。いろんな経験を積んできた年寄りが、定年になったといってヒマにしているというのは。それでは、宝の持ち腐れになる。その経験を活用しない手はないと思う。

死ぬときは、「ボクへの遺言は何?」と聞くつもり

就活は聞いたことがあったが、最近は同じ「シュウカツ」でも「終活」というものがあるらしい。どういうものかといえば、年をとって残りの人生が少なくなってきたときに、自分の葬儀や墓、遺言や遺産相続などについて、あらかじめ元気なうちに考えて、準備することらしい。人生の終末にする活動だから、終活というのだろう。

死ぬときに聞きたい「オレってどんなダンナだった?」

ボクは、そんなものには興味がない。そもそも、遺言を残したいとも思っていない。
ボクの理想は、遺言を残すのではなく、遺言を聞くことだ。

どういうことかといえば、臨終の間際になったら、みんなから最後の言葉を聞いてあの世に去っていくということだ。

たとえば、奥さんに、「オレって、どんなダンナだった?」と聞く。子どもには「オレって、どんな父親だった?」と聞く。それで、「ひどいダンナだった」、「いや〜、とんでもない父親だったよ」といわれたら、「そうか。でも、もう死ぬから反省なんかしなくていい」といえるし、「いいダンナだった」とか、「いい父親だった」といわれたら、「どうして、もっと早くいってくれなかったの?」といって死んでいきたい。

つまり、死んでいくボクが最後の言葉を残すのではなく、死んでいくボクに最後の言葉を残してほしい。

遺言ならぬ、逆遺言だ。家族だけでなく、友だちにもそうしてもらいたい。ボクの最期を見舞うために、みんながゾロゾロやってきたら、こっちから「ボクへの遺言は、何?」と聞く。

まあ、ロクでもない父親に限って、最後に奥さんや子どもがヨイショしてくれるから、すごくいいダンナや父親として死んでいけるケースが多いと思う。

酒ばかり飲んでいた父、最期の言葉

ボクの父親が、そうだった。ひどい父親で、借金して逃げまくっていた。

それで、年をとって死ぬときにいった言葉が、「いやぁ、これだけほったらかしにして、まともに育てもしなかったのに、死ぬ前に子どもたちがみんな目の前にいるって最高だね」というものだった。そのとき、父親はうれしそうな顔をしていた。

だから、みんなも逆遺言にしたらいいと思う。自分でひどい父親だったと思っても、最期に及んで、わざわざ「すまなかったね」などという必要はない。それよりは、「何かオレにいうことはない?」といって、その言葉を聞きながら亡くなっていけばいい。

「酒ばっかり飲んで、ロクな父親じゃなかった。そうオレたちがいうと思っているかもしれないが、オヤジは最高のオヤジだったよ」なんて言葉を聞けるかもしれない。

そういう言葉を聞きながら死んでいけたら、きっと天国に行くような気分だろうね。

何だか特別な馬車に乗って、あの世に行ける気がしてこない?

「子どもには迷惑をかけたくない」。その子どもはどう思っているのかな？

年をとった人に老後のことについて聞くと、「子どもには迷惑をかけたくない」という人がたくさんいる。いつごろから、そういうことをいう人が増えたのかわからないが、たぶん昔は、ほとんどいなかったのではないだろうか。年をとったら、子どもたちに面倒を見てもらうことが当たり前だった。

その一方で、年老いた親に迷惑をかけられたくないと思っている子どもたちは、面倒を見る気はないが、親の持っている財産だけはしっかりアテにしている。それをめぐって、兄弟姉妹で骨肉の争いをしている人たちもいるくらいだ。

そういう子どもたちに財産を狙われたくなかったら、子どもたちにわけのわからないことをいって撹乱したほうがいい。たとえば、定年が近くなったら、

「定年になったら、オマエたちの財産を狙うからな」

と、子どもたちにいっておく。あるいは、定年になったら子どもたちを呼んで、「オレは定年までがんばった。オマエらを大学まで行かせて、一人前にするのにえらく金がかかった。定年になったから、今度はそれを取り返す」という。

それを聞いた子どもたちは、「あれっ、オヤジ、金持ってねぇのか？」と思う。子どもたちにねだられるのではなく、逆に子どもたちにねだるくらいでいい。年をとったら、相手が家族だろうが何だろうが、もっと芝居をしたほうがおもしろい。「オレさ、いままで運を使ってないから、宝くじが当たりそうな気がする。だからオレを大事にしておいたほうがいいぞ」とかいっておく。半分、ウソをいうくらいでいいんだ。

子どもへの「財産の質問」はこんなふうに

たとえば、定年になって退職金が入ったら、子どもたちを集めてこんなふうに質問してみる。

「オレ、退職金が入った。オマエたちのために、このお金を残したほうがいいか、それとも夫婦二人のために使ってもいいか、正直なところを聞かせてくれ」

そこで、「お父さん、できればボクたちのために残してください」という子どもと、「夫婦で老後を楽しんでほしいから、二人のために使ってください」という子どもがいたら、「『二人のために使え』といってくれたやつには残す。『自分たちのために残せ』といったやつには残さない。以上！」といって、その場を切り上げる。

やっぱり、老後のことを心配してくれる子どもには残してあげたほうがいい。自分たちのために残せという子どもには残す必要はない。そんなやつに残しても、無駄に使われるだけだ。二人のために使ってくれという子どもなら、そのお金を渡されたとしても、大事に使ってくれる。

子どもに迷惑をかけたくないという気持ちはわからないでもないが、そもそも子どもたちがどう考えているか、それを知っておけば、いざというときの判断の参考になる。そのためにも、どんどん芝居をしよう！

「右に行け」といわれたら、右に行ってから、左に行く

「人が右に行ったら、左に行け」。アマノジャクやひねくれもののように思われるかもしれないが、これは一面の真理だと思う。大きな成功を収めた人は、たいがいこの言葉通りのことをしている。人と同じことをしていたのでは、人に抜きん出ることはできない。

別に彼らが大きな成功を収めたわけでもないが、三人の息子のうちの次男は、この言葉を実践した一人だ。子育てはほとんど奥さんに任せっきりだったが、ただ子どもたちにはいつも、「世間の人と違う道を行け」といっていた。

次男は高校時代、予備校に通っていた。いよいよ大学入試という時期になって、何を思ったのか、「よし、就職するぞ！」といい出した。当然、奥さんはびっくり仰天。「ど

ういうことか、アンタ聞いて！」と、ボクのところにあわてて電話をかけてよこした。

彼に話を聞いたら、こう答えた。

「お父さんはいつもいっていたじゃないか。世間の人100人が前に行ったら、自分は後ろに行け、と。だから予備校のみんなが受験するというから、ボクは就職しようと思ったんだ」

わが子ながら、アッパレだと思ったね。もちろん、奥さんはあきれていたけど。次男はそのまま、リフォーム会社に就職した。

温泉旅館に行って、部屋でシャワーを浴びるのがおもしろい

そんなことをいうボクは、これまでどうしてきたかというと、「人が右に行ったら、左に行け」をもうひとひねりしたような生き方をしてきた。とりあえずボクも、人が右といったら右に行ってみる。行ってみたうえで、左に行く。

どういうことかといえば、たとえば誰かが、「冬場はやっぱり温泉だな。温泉、行

こう」といい出す。「行こう、行こう」となって、ボクも一応、それについていく。そして温泉には行くが、そこで温泉には入らない。何をするかといえば、シャワーを浴びて帰ってくる。

人に温泉といわれて、ハワイやグァムに行けば、「人が右に行ったら、左に行け」ということになるが、温泉といわれて、温泉に行ったけど温泉に入らなければ、「人が右に行ったら、右に行ったけど、左に行った」となる。つまり、右に行った目的通りのことはしないということだ。

ボクの経験上、いい温泉ほど、ロクなシャワーがない。なぜかといえば、そこがいい温泉だから。いい温泉に行くと、普通はその温泉につかるから、シャワーを使う人がほとんどいない。だから、シャワーのことなど初めから気にしないし、仮に不都合があっても、誰も文句はいわない。

だから、そこがいい温泉かどうかは、シャワーのお湯の出方で判断できる。大した温泉ではないところほど、いいシャワーがついている。その逆に、まともにお湯が出てこないようなシャワーがある温泉は、概していい温泉だ。

いろいろな温泉に行ったが、湯船には一度もつかったことがない。

「いい温泉ですから、ぜひお入りください」といわれても、「ここの温泉は、シャワーがついていますか？」と聞く。

「シャワーですか、ついてはいますが……？」

浴場から戻ってくると、「いかがでしたか、ウチの温泉は？」と必ず聞かれる。

「あれほど旧式なシャワーがあるということは、いい温泉ですね。また、来ようと思いますが、あのシャワーだけはぜひ、つけたままにしておいてください」

そういうと、向こうは不思議そうな顔をしている。

何をいいたいかというと、「人が右に行ったら、左に行け」というのは、たしかに真理だが、いきなりそうしてしまうのは、乱暴というか、無謀すぎるということだ。

右に行けといわれたら、とりあえず右に行ってみたほうがいい。

そのうえで、なんのために右に行ったかという目的からちょいとズレたところで、その逆のことをするのがおもしろいということだ。

お年寄りは、がんばらないおしゃれがかっこいい

年齢とともに、身づくろいが面倒になってくるという話をよく聞く。人に不潔だと思われるよりは、清潔でいるほうがいいわけで、身だしなみに気を遣うことは頭の活性化にもつながると思う。

ボクが身だしなみについて人から注意されたのは、もうずいぶん前のことだ。

1968年にフジテレビで始まった『お昼のゴールデンショー』は、コント55号にとって二番目のレギュラー番組だったが、そのときのプロデューサーの常田久仁子さんから指摘された。

「もっときれいな服を着なさい。お昼のテレビ番組は主婦などの女性に支えられているの。いくらおもしろくても、見かけが汚いと、女の人はそれだけで認めてくれない」

そう、いわれた。それまでは、服装のことなど気にも留めなかったが、そのひとことで、なるほどと思った。

ただ、ボクが考えるに、「おしゃれな服装ですね。だいぶ気を遣っていらっしゃいますね」と人からいわれたときに、「そうなんだよ」と答える人のおしゃれは、それだけで死んでいると思う。

「おしゃれ? 知らねぇよ」とか、「カミさんが着ていけっていうから、着てきただけだよ」と答えるほうがかっこいい。つまり、「オレはおしゃれをしたつもりはない」というおしゃれがかっこいい。

ときどき若い連中から、「ずいぶん、いいものを着ていますね」といわれるが、「知らねぇよ」と答えるのが常だ。買った覚えもないし、いいものを着ているという意識もない。だいたい、着るものに関してはまったくの人任せだ。自分で買いに行くこともない。だから、「おしゃれですね」といわれても、うれしくも何ともない。

「年相応に」という言葉は好きじゃない

唐突だけど、ボクは髪の毛を染めている。

もう10年くらい前からだが、白髪頭は老人のようでイヤだと思い、まだ白髪になる前から染めていた。最初は、こめかみのところが白いのに気づいた。だから、そこだけちょっと黒く塗ってもらっていた。ところが美容院に行くたびに、どんどん上のほうまで黒く塗られるようになった。それで、染めることにした。おそらく何もしないと、結構白いと思う。

年をとったことを表に出して生きていこうという人は、わざわざ髪の毛を染めたりする必要はない。でも、ボクのように年をとったことを自分で気づきたくない人は、染めてもいいと思う。だからといって、人から若く見られたいというのでもない。それでは無理をしていることになる。あくまで、自分で年をとったことに気づきたくないだけ。ボクは、「年をとったなりに」とか、「年相応に」といった言葉が好きではない。

第4章

言葉に生かされるから、いい言葉を選びたい

「老人」じゃなく、「年寄り」と呼んでほしい

言葉とは不思議なものだ。同じ内容を話しているのに、言葉を一つ変えることで全然、違ったことのように聞こえる。ただ聞こえるだけでなく、それによって気分まで変わってくる。

たとえば、ボクはいま大学に通っているけど、このままの単位の取得ペースで行くと、卒業までは早くても5年かかる。普通、それは「落第」と呼ばれるが、ボクは落第なんていわない。「こんな楽しいところ、たった4年で卒業して出ていくのはもったいない」という。「できれば6年くらいはいたいね」と。そうやって言葉を変えることで、気分が落ち込むことを避けるというか、自分の心の負担を最小限にする。

こうしたことは、年をとってくると、ますます大事なことになってくる。

「老人」は、ただ老けた人

その体でいくと、「老人」という言葉もよくない。年をとって、ただ「老けた人」という感じがしてくる。年をとったことを漫然と受け入れて、文句もいわずに従っているという感じがする。それで、みんなから「老人を大切にしよう」などといわれ、年に一回、敬老会と称して温泉に連れて行ってもらったり、まんじゅうをもらったりしている。

老人の傾向としては、何に対しても「面倒くさい」という。たいして複雑なことでなくても、おっくうに感じるようになる。そのうち、しゃべることも面倒くさがるようになる。人はしゃべらなくなると、ボケが進行する。まわりの人間は、「あれっ、最近しゃべらなくなったな」と思ったら、気をつけたほうがいい。その人は、確実に痴呆症に向かっている。

では、老人をいい換えるとすれば、どんな言葉がいいか？

「おじいさん」よりも「じっちゃん」がいい

ボクは「年寄り」を提案したい。何といっても、「年が寄ってくる」というのがいい。向こうから福が寄ってくる感じがする。寄ってくるのだから、気に入らなかったら避けることもできる。「オレは老人ホームなんか入らないぞ」と、がんばることもできる。ボクは老人にはなりたくない。歯を食いしばってでも年寄りになりたい。

ついでにいえば、年をとった人の呼び方も変えたほうがいい。「おじいさん」は、いただけない。本当に年をとった人という感じがする。まさに、老人だ。おじいさんではなく、「じっちゃん」なんていうのがいい。何だか、はずんだ感がある。いつも飛んで歩いているような感じがする。

口に出していってごらん。「おじいさん」は、言葉が流れるでしょう？　それがよくない。「じっちゃん」は言葉が跳ねている。この跳ねた感じがいい。「老人」ではなく、「年寄り」。「おじいさん」ではなく、「じっちゃん」。これからは、それで行こう！

「昔はよかった」じゃない。「昔もよかった」といい換える

老人になると、人の話を聞かなくなる人が多いといわれる。聞かなくなってどうなるかといえば、一つは頑固になる。頑固というのは、要するに人から何かをいわれても、自分の態度や考え方を改めないことだ。世間的には評判が悪いが、頑固だからといって、必ずしも悪いことではない。頑固な人はそれだけこだわりも強いし、コツコツとものごとを成し遂げていく人もいる。頑固な職人なんて、かえってたしかな仕事をしそうなイメージがある。

でも、年をとって「おじさん、やめなよ」と人からいわれるような頑固は、できればよしたほうがいいね。なぜかといえば、そういう頑固は嫌われるだけだから。

そうなると、人が寄ってこなくなる。人が寄ってこなくなると、どんどん息苦しく

なってくる。自分で自分の首を絞めることになる。

自分の話ばかりする人を黙らせる方法

もう一つ人の話を聞かなくなるタイプは、文字通り、人の話を聞かない人。というか、人に話をさせない人。

人の話をさえぎって、なんでも「オレが、オレが」と始めてしまう。それで話すことといえば、自分のことばかり。これはいただけない。そういう人に、「自分の話ばかりするのはやめろよ」とか、「人の話を聞けよ」というのは、あまり効果がない。

たぶん、「オレが、オレが」の人は、それが口癖になっているのだと思う。そういう人には、こういってみたら、どうだろうか?

「その話を聞いたら、ビール一杯おごってくれるの?」

これで、話が急に短くなる。

口癖といえば、何かにつけて、「昔はよかった」という人がいる。これは、時代としての昔がよかったということではなく、たぶん「昔の自分はよかった」ということだろう。それに比べて、「いまのオレはダメだ」といいたいのだろう。もしかしたら、かまってもらいたいという下心があるのかもしれない。

でも、ちょっと情けないというか、かえって惨めに聞こえてしまう。それを感じるから、まわりの人も「昔はよかった」と聞いてイヤになるのだろう。「またいってるよ」と、ついバカにしたくもなる。だから、ボクからの提案だけど、「昔はよかった」といいそうになったら、「昔もよかった」といい換えてはどうだろうか。「昔は」ではなく、「昔も」という。「は」を「も」にする。

そうやって一文字変えるだけで、何だか、いまがよいような気がしてくる。「昔もよかった」んだから、いまもいいに決まっている。そうやって、自分で自分を錯覚させる。「老人」を「年寄り」といい換えて、無理やりにでも元気になろうとするのと同じ。まわりの人も、「えっ、昔も？」といって、どんな昔なのか聞いてくれるかもしれない。そうしたら、昔の話を始めればいい。

「は」を「も」に換えるだけで、だいぶ違ってくると思うよ。

まずは、自分のためにがんばる。「人のために」は、キレイすぎる

自分のためではなく、誰かのためにがんばる。そうすると、人間は意外とがんばれるものだといわれることがある。そのこと自体は、間違いではないと思う。

でも、ボクなら、もう少し違ったいい方をする。

「自分のためにがんばろう。自分のためにがんばったことが、誰かのためになっているのがいちばんいい」

人のためにがんばるというのは、言葉としてキレイすぎる。キレイごとというのは、なかなか素直には人に伝わらないものだ。そこには、やっかみもあれば、疑心暗鬼ということもある。人のためにがんばって、それで失敗でもすれば、「そら、見たことか」と袋叩きにあうことすらある。だから、とりあえず自分のためにがんばる。でも、そ

れがうまくいったとしても、結果的に自分のためだけになっているときというのは、うまくいったように見えて、実はあまり成功していないことが多い。それが誰かのためになっているときが、本当に成功しているときだ。

番組がヒットしたのは「誰か」がいたから

さらにいえば、誰かのためにがんばってうまくいくためには、もう一つの条件がある。それは、誰かのための、その「誰か」を選んだほうがいいということだ。

その「誰か」とは、たとえば、ありがたい言葉をかけてくれた人とか、うれしい言葉を発してくれた人とか、そういう「誰か」であるのがいい。そういう人のためにがんばれば、たいがいうまくいく。

ボクの番組でも当たった番組というのは、自分のためというより、やっぱり誰かのためにがんばった番組だ。この人のためにがんばらなくてはいけないという思いで始めた番組が、結果的に視聴率が30パーセントを超えた。「こんなにいい言葉をかけてもらって、これでがんばらなかったら、オレは相当のバカだ」と気づかされて立ち上がったものは、みんな当たっている。

「言葉の温度」に気をつける

でも、そのときに気をつけたほうがいいのが、言葉の「温度」だ。若い人から「おじさん、かっこいいね」といわれれば、つい、「オマエ、いいことというね。メシでもおごるか」となってしまうし、逆におじさんから、「キミ、才能あるね。オレが応援してやるよ」といわれれば、つい頼りたくなる。

そうした言葉を真に受けていると、だまされることもある。そこでだまされないようにするには、その言葉が発せられたときの温度に敏感になることだ。この言葉は温度が高すぎると思ったら、気をつけたほうがいい。そういうときの言葉は、えてしてわざとらしい。やっぱり、さり気なく響く言葉がいい。

ボクが好きなのは、「オレ、それやりますよ」と、若者がさり気なく、しかも真っ先にいった言葉だ。そういう言葉を聞くと、何だか知らないが、つい応援してあげたくなる。それで、そいつのためにがんばればうまくいく。その反対に、いい年をしたおじさんが妙にハイトーンで、「オレ、それやりますよ」というときは、気をつけたほうがいい。あまりにもウブすぎて、かえって下心がありそうだ。おじさんは、やっぱり少し汚れた感じというか、抑えた渋い感じがするほうがいい。

だから、自分のためではなく、誰かのためにがんばるといっても、その誰かが誰なのか、それを見極める技を持っていないと、せっかくのがんばりもうまくいかない。見境なく、誰でもいいというわけにはいかない。

その技の一つが、いまいった言葉の温度に気をつけるということだ。

ボーっとした顔の人がいい

もう一つは、「顔」だ。ボクは、その言葉をいっている人の顔を見る。この人のために何かをしてあげたくなる顔、つい惹きつけられる顔というものがある。

それは、二枚目だとか、美人だとか、そういう顔ではない。顔のかたち（四角だとか、丸顔だとか）でもない。その顔が醸し出す、ある種の雰囲気といえばいいだろうか。

よく「目は口ほどにものをいう」といわれるが、ボクは「顔は口ほどにものをいう」と思っている。顔や表情には、否応なく、その人が歩んできた人生が表われる。

インチキばかりしてきた人の顔は、やっぱりインチキな顔をしている。逆にウソをついてこなかった人の顔は、正直な顔をしている。正直な人の顔というのは、変に自分を作る必要もないから、意外とボーっとしていることが多い。

たとえば前川清さんとか、斎藤清六さんとか、何だかボーっとした顔をしているでしょ？　ああいう顔がいいんだよ。

いい風が吹いてくるには いい言葉が必要だ

「待てば海路の日和あり」という言葉がある。

シケなどで海が荒れて、船の航行に向かないときは、無理せず、港で辛抱強く待っていれば、そのうち航海するのにちょうどいい風が吹いてくるということだが、こういう言葉は現実の暮らしのなかで大切にしたい言葉だと思う。

でも、その「いい風」が何かといったら、それはイコール「いい言葉」だと思う。

いい風が吹かないというのは、いい言葉が聞こえないということ。

では、いい言葉を聞くためにはどうすればいいか。

そこを考えたほうがいい。

ところが、いま、みんながやっていることは、いい風が吹いてこないようなことが多い。

たとえば大きな企業がちょっとミスをすると、寄ってたかって叩きにかかる。いちいちクレームの電話をかけたりする。そんなことをしていると、いい風は吹いてこない。みんなが文句や苦情の電話をしていたら、逆にその大企業をホメる電話をしたほうがいい。そのほうが、いい風が吹いてくる。

「いや〜、いまテレビで騒がれている、あの商品ね。あれ、ボク食べたんだけど、おいしいじゃない？　ちょっと気に入ったので電話しました」

そんな電話をしたら、きっとものすごく感謝されて、とんでもないものが返ってくるかもしれない。

テレビに対しても、そうだ。番組に対して何か気に入らないことがあると、すぐにクレームの電話をかける人がいる。それよりも、「本当にすばらしい番組ですね」と電話をかけたら、スタジオ観覧のチケットを、すぐに送ってくるかもしれない。

文句をいうより、ホメたほうがおもしろい。「子どもは怒らずに、ホメて育てろ」というが、むしろ「大人になったら、ホメてつきあえ」といいたい。

グリコ森永事件のとき、グリコに恩返しした話

グリコ森永事件が起きたときに、「こんなときだからこそ、グリコのお菓子を買おう」といって、毎日、3万円分とか、5万円分とか、グリコのお菓子を買っていた。

「すみません。グリコって書いてあるお菓子、みんな持ってきてください」

「グリコだけ、5万円分ですか?」

お菓子屋さんのおばちゃんも、びっくりしていた。

それまでボクの番組では、何度もグリコさんにスポンサーになってもらっていたから、少しは恩返しできればと思ってやったことだ。とはいっても、半分はシャレ。まわりのみんなもおもしろがって、「うまい。やっぱりグリコだね」と、喜んでグリコのお菓子を食べていた。

そうしたら、ある日突然、グリコの社長さんが楽屋を訪ねて来た。

「噂で聞きました。本当にありがとうございます」

とお礼をいう。こっちは半分、シャレでやっていただけなのに。

その後も、ずいぶん長い間、お菓子の詰め合わせなどを送ってきてくれた。映画を制作したときも、作品の中で使うお菓子をたくさん提供してもらった。最後はこっちが恐縮して、「謝礼もこのくらいで勘弁してください」とお願いしたくらいだ。

何か事件やミスがあったときに、

「おまえのところは大丈夫なのか?」

と、余計な文句をいっても何の得にもならない。むしろ、それによって損をしている。

大企業だから文句をつけたくなる気分もわからないではないが、そんなときこそヨイショしておいたほうが、いい風が吹いてくると思うよ。

人のことをケチといっている
その人が本当のケチ

世の中には、「ケチ」といわれる人がいる。

年をとってからのケチはみっともないともいわれる。そう思われないように、できるだけ気前よく振る舞おうと考えるお年寄りもいると思うが、無い袖は振れないわけだから、そんなところで無理してもしょうがない。

ケチには二種類ある

ケチというのは、単純にいったら、自分の利益しか考えていない人ということになるのだろうが、もう一段、深く考えてみる必要がある。ケチにも、二種類あると思う。

本当のケチと、ケチを装っているケチ（本当はケチではない）と、この二つは区別しなくてはいけない。

本当にお金を持っている人というのは、この人はケチだなと思わせるような行動をする。お金があるからといって気前よく振る舞っていたら、どんどん人がタカってくる。そういうのがわずらわしいから、それを避けるためにも、お金がある人ほど、まずケチを装う。ところがそういう人は、使うときにはドンと使う。

ボク自身は金持ちでも何でもないが、1万円とか、10万円とか、そのくらいの金額に対しては、すごくケチだ。でも、たとえば1000万円を超えるようなまとまった金額が必要なときには、ケチでなくなる。

「生きたお金を使う」といういい方があるが、生きたお金を使うことができる人ほど、少ない金額のときにはケチるものだ。そういう人にとって、ケチは一種の防波堤のようなもの。お金を持っている人というのは、それなりにムダをしないで貯めている。変なところでは使わない。使わないから、ケチと呼ばれる。でも、それは本当のケチではない。本当のケチだったら、どんと使うようなことはしない。

本当にお金をもっている人はケチじゃない

その反対に、本当にケチな人ほど、少ない金額のときに限って気前よく使う。だから、お金も貯まらない。それで、お金を持っている人に対して、「あいつはケチだ」という。だから、「あの人、ケチだね」という言葉を発する人ほど、本当はケチなのだと思う。それで、間違いなく本当のケチは何をいってもムダだろうから、そういう人とはつきあわないほうがいい。

本当にお金を持っている人は、ケチではない。だからきっと、「振り込めサギ」もなくならない。どういうことかといえば、本当はケチではない人は大きな金額になればなるほどポンと出すから、振り込めサギに引っかかる可能性が高い。ニュースにもなったけど、おととし、振り込めサギで5億7000万円をだまし取られた80代の女性がいた。もしも本当のケチだったら、そんなおカネは出さない。だいいち本当のケチだったら、そもそもそんなお金を持っていないと思う。

年をとったら、語尾は上げて行こう

年をとったら気をつけたいことの一つに、「音程」がある。年をとると、どうしても語尾の音程が下がってしまう。たとえば、女の人がお嫁さんに行った直後は、「ちょっと、あなたぁ↖」と、語尾が上がる。子どもが産まれたころは、「ちょっと、あなた←」と、やや下がってくる。これが50歳くらいになると、「ちょっと、あんた↙」と、かなり下がってしまう。

「ねぇ、新しいバッグ買って↖」と上がると、かわいらしく聞こえて、つい「買ってやろうかな」と思う。これが、「新しいバッグ買って↙」と下がってしまうと、〝脅し〟に近くなってしまう。「買ってもいいけど、脅されて買うのはイヤだな」となる。

とくに女性の場合は、語尾の音程で勝負してほしい。ダンナさんは奥さんの音程のチェックをしたほうがいい。下がっていたら、「オマエ、音程下がっているよ」と、さりげなく指摘してあげる。

だから、オバさんたちがよく連れ立ってカラオケに行くけど、歌う歌に気をつけたほうがいい。間違っても『王将』とか、『そして、神戸』のような低いキーの歌を選曲してはいけない。カラオケに行ったら、なるべく高い歌を。そうだな、ＡＫＢ48あたりがいいね。「会いたかった、会いたかった〜♪」なんてどうだろう。

いじめっ子の語尾は低い

この音程を上げる、語尾を上げるというのは、意外と大事なことだ。

これは年をとった人には直接、関係ないことかもしれないが、学校で「いじめ」の問題がある。いじめる子どもは音程が低い子が多い。いじめられる子は、その音程に合ってしまった子ども。

いじめる子が、「おい、オマエ、金持って来いよ↙」という。それに合わせるように、

「僕ですか↙」と下がってしまうからいけない。そこで、「アレッ、僕ですか？↖」と上げれば、音程がズレてしまって、いじめにならなくなる

ボクが小学校の先生だったら、子どもたちの音程に注目する。たとえば、朝、子どもたちに「おはよう」と高い声であいさつする。それで返ってきたあいさつに音程の低い子がいたら、その子どもに気をつける。

最近、音程の低い子どもたちがどんどん増えている。ボクが小学生のころは一クラスが50名前後だったが、音程が下がってしまう子どもは2、3名だった。でも、いまは一クラス30名のうち、3分の1、10人くらいは音程が低い。

どうしてそうなったかといえば、お母さんの音程が下がってしまったからだ。「早く起きなさい↙」「さっさと寝なさい↙」と、語尾を下げてしまう。

これを「起きろ～↖」「寝ろ～↖」と上げれば、自然と子どもも音程が上がるようになる。だから、家で朝、ダンナさんを送り出すときも、「行ってらっしゃい↙」と下げるのではなく、「行ってらっしゃーい↖」と上げればいい。それを子どもが聞いていたら、そのうち子どもも上がってくる。

語尾だけでも上げれば、それで大抵の問題は解決できる。

若いころ、「まずは大きい声を10年出せ」といわれた

音程に関しては、ボクがコメディアンになった最初のころ、「オマエ、声が高くて陽だな」と、よく先輩たちからいわれた。陰と陽の、陽のことだ。「こういう仕事は、陽のほうが得だぞ」といわれた。師匠に、「どうすれば、うまいコメディアンになれますか」と聞いたら、「大きい声を出すだけ」といわれた。

「大きい声で10年やってみな。それが終わってからだね、どういうふうにやったらうまくなるかって話は。いまは大きい声を出すだけ」

だから、若いころから、どなっているのではないかと思われるほど大きな声を出していた。いまは若い芸人さんなんかが話すのを聞いていても、大きい声を出さない。

音程を上げる、語尾を上げる。そういう簡単なことが、忘れられているんじゃないかな、いまは。

忘れられない母親の言葉

もし、あなたに娘さんがいたら、あるいはあなた自身がこれからお母さんになる可能性のある人なら、一つ聞いてほしいことがある。それは、お母さんというのは子どもを産むだけでなく、やがて社会に出ていくその子どもに対して言葉を産む存在でもあってほしいということだ。簡単にいってしまえば、子どもに言葉を与える存在であってほしいと思っている。

その言葉は、たくさんである必要はない。たった一つでいい。その一つの言葉が、その子どもの人生を導くことになる。その言葉は決まっているわけではなく、その家なり、そのお母さんなりの言葉でいい。他人と違っていてもかまわない。むしろ、そっちのほうがいい。

たとえば、その子どもが、「自分の心に素直に生きなさい」と、お母さんからいわれたとする。すると、どこへ行こうと、何をしようと、その子どもからは、もう「素直」という言葉が消えない。そして、素直から発想されたこと、判断されたこと、実行されたことは、すべて成功する。素直から出てきたものでないことは、必ず失敗する。それは覚えておいたほうがいい。

「ワタシ、2番目が好き」

ボクが母親からいわれて覚えていることはたくさんある。

いちばん最初は、「字は人のために書くもの」という言葉だ。字なんて書いた本人がわかっていればいいと思うかもしれないが、その字を読む人のことを考えれば、汚い字は失礼にあたる。それだけで、だらしない人だと判断されることにもなりかねない。だから、「字は人のためにきれいに書きなさい」と、うるさいくらいいわれた。

こう見えても、小学生のときのボクは学校の成績がよかった。試験でいい点数をとったら、当然、母親がほめてくれると思ったが、ほめてはくれなかった。その代わり、「ワタシ、2番が好き」という。1番は、誰よりも勉強すればなれる。だからといって勉強ばかりしていると、偏った人間になる。やっぱり、ときには遊ばないといけない。そうすれば2番になれる。でも、遊びすぎると、3番とか、4番になってしまう。だから、「2番でいることは難しいよ」といった。

本当の「親切」について

ボクが子どものころはまだ、八百屋さんが大八車を引いていた。それで、上り坂に差しかかると、近所の子どもたちが押してくれるのを待っている。あるとき、そんな場面があったので、ボクも押してあげた。すると、「ありがとよ」といって、リンゴを一つくれた。それを家に持って帰って、「八百屋さんの大八車を押してあげたら、リンゴをくれた」と母親に報告した。すると母親は、「ああ、それをもらわなきゃ、いい子なのにね」という。

そのときは、何でリンゴをもらわなければいい子なのかわからなかった。でも、その言葉がずっとボクの中に残っていた。それで、あとになってわかった。大八車を押してあげるだけで終わっていれば、それは親切になった。でも、それでリンゴをもらったということは、報酬をもらったということだから、その行為はチャラになる。親切にはなっていない。なるほどなぁ、と思ったよ。

特別な勇気をくれた「言葉」

母親の言葉で最高だと思ったのは、高校生のとき。

ボクが通った高校は、生徒が250人いた。そのなかでボクの成績は210番だった。それを見た母親がニッコリ笑って、「欽一、後ろに40人いるね」といった。高校生のころはアルバイトで忙しかったから、勉強している時間がなかった。母親もそれを知っていた。

「だって、アルバイトをしているのに、後ろに40人もいるって、すごいわよ」

母親がそういってくれたとき、自分の母親ながら、「この人は、人間ができている」と思った。

何だか特別な勇気をもらったという感じだった。

そういうふうにして、お母さんは子どもに対して言葉を産まなくてはいけない。いまのお母さんは忙しいから、言葉を産んでいるヒマがない。それは、とても残念なことだ。自分のまわりにいる人で、この人は優秀だなと思う人に話を聞くと、必ずといっていいほど、子どものころにお母さんがいい言葉やおもしろいことをいっている。いろいろな人の伝記を読んでも、そんなことが書いてある。お母さんの言葉というものは、それだけその子どもの人生にとって大事なものだ。

父親の言葉はうるさいだけ?

母親が言葉を産む存在だとして、では、父親はどうだろうか。残念ながら、父親の言葉というものは伝わらないと思う。子どもにとって、父親の言葉はうるさいだけ。

ボクは子どものころからそう思っていた。中学生や高校生ぐらいの年齢になると、ますますオヤジはうさんくさい存在だと思うようになる。

ボクにも息子が3人いるが、自分が父親に対してそう思っていたように、おそらく息子たちもボクに対してそう思っていると思って、あえて息子たちを遠ざけるようにした。息子たちが中学や高校のころは、ほとんど会話もなかった。もっとも、そのころは仕事が忙し過ぎて、家でゆっくり顔を合わせている時間もなかった。

だけど、そのくらいの年齢をすぎると、必ず父親が必要になるときがある。「そういうときは呼んでくれ。いつでもつきあうから」と、子どもたちにはいっていた。だからというわけでもないだろうが、何か困ったことがあるときは、よく息子たちから電話がかかってくる。そのときは、きちんと話を聞くようにしている。でも、それ以外は、いまでもあまり子どもたちと無駄話はしない。

「大人の会話」ができない人

いまの若い人はどうだとか、それに比べてオレたちの若いころはああだった、こうだったとか、どうも年をとると、人はそんな類のことをいいたくなるものらしい。

あれは、何だろうか?

一つには単純に、若い人の未熟さや能力のなさを非難しているのだろうけど、もう一つには、若い人への恐怖というか、脅威というか、自分たちが年をとって社会の隅に追いやられることに対する不安の裏返しもあるような気がする。

まあ、この手のことは大昔からいわれていたようで、古代ギリシャの哲学者として有名なプラトンが、「最近の若者は目上の人を尊敬しないし、親には反抗するし、法律は守らないし、妄想ばっかりで道徳心のかけらもない……」ということをいっているらしい。もっと古い時代からいわれていたという話もあるくらいだから、人間はずっとそんなことをいい続けてきたのだろう。

いずれにしても、ハタで聞いていて、あまり気持ちのいいものではない。若い人のことをあれこれいう前に、自分たちのことを何とかすればいいのにと思ってしまう。

ご飯に誘われたときの100点の返事とは？

たしかにいまの若者と話してみるとわかるが、まともに会話になるのは2割ぐらいのものだ。あとの8割は、ほとんど会話らしい会話にならない。それは、自分がいま通っている大学の学生と話をしていても感じることだ。

いや、もしかしたら、これは最近の若い人に限ったことではないかもしれない。大人の会話ができない大人が最近、増えているように感じる。

たとえば、あなたが新入社員だったとして、会社の先輩から、

「おい、メシ食いに行こうか？」

と誘われたら、どう答えるだろうか。

たぶん、「ぜひ、よろしくお願いします」とか、「はい、お供させていただきます」と答える人が多いと思う。

でも、ボクにいわせれば、その答えは大人の会話としてはせいぜい20点ぐらいのものだ。あまりに当たり前すぎて、おもしろくない。

こういうときに、「あっ、コイツ、おもしろいやつだな」とか、「コイツ、ちょっと気に入ったかも」と思わせるには、そんな常識的な答えでは無理だ。

「メシ、食いに行かない?」

と聞かれて、50点とか、80点の点数をもらえるようにするには、たとえば、

「きょう、だけですか?」

とか、

「どうして、もっと早く誘ってくれなかったんですか?」くらいはいわなくてはいけない。

こういう大人の返しができないから、先輩や上司は若い新入社員たちと話をしたくなくなる。それ以上話をしても、どうせつまらないし、うっとうしくなるだけだ。

部長や役員になるような優れた上司は、50点程度の答えでは満足しない。彼ら自身が、たとえば部長になる人なら80点、社長になる人なら100点を取るくらいの答えを出してきた人たちだ。当然、そうした上司は、部下にもある程度のレベルの答えを期待する。あまりに常識的だったり、当たり前すぎる答えでは、それ以上の会話はしてもらえなくなる。つまり、ごはんにも誘ってもらえなくなるし、言葉もかけてもらえなくなるということだ。

上司に気を遣わせる部下について

こんなことをいうと、すぐにそれを世渡りのうまさに結び付ける人がいるが、それは勘違いというか、間違いだ。

世渡りとか、そんなことではなく、もっと単純に「人を喜ばす」とか、「相手が気持ちよくなる」とか、そういった感覚に近い。

大人の会話ができない部下に対して、かえって上司のほうが気を遣ってしまう。それでは上司はおもしろくないし、気持ちもよくならない。

「ぜひ、よろしくお願いします」

などと答えてついて来られたら、「本当は別に用事があったのに、性格的に断れないタイプなので、それでついてきたのかもしれない」と、ボクが上司だったら考える。すると、「用事があるといけないから、誘わないようにしよう」と思って、次は声をかけなくなる。

しかし、そこで、「えっ、きょうだけですか?」などと茶目っ気たっぷりに返されると、「なんだかおもしろいやつだな」と感じてもらえる。その「おもしろい若者」という判断が、次第に「仕事ができる若者」という評価になってくる。そうすれば当然、大事な仕事を任されるようにもなってくるし、それにつれて仕事もどんどん楽しいものになってくる。

よく、「上司に怒られてばかりでつまらない」、「おもしろい仕事がない」と不満をいっている若い人がいるが、それはその人が上司から何かいわれても、大人の会話や返しができないからであって、そんな人には当然、おもしろい仕事など回ってこない。

つまり、自分で自分の立場を悪くしているということだ。

普段から上司と大人の会話ややり取りができていると、急に上司から仕事をいいつけられたり、飲みに誘われても、堂々と「ダメ！」と断ることができる。

「あのぉ〜、私、きょうは用事がありまして、ちょっと……」

などと中途半端なことをいわなくて済む。

「ダメ、今日はデートがあるから」

と、きっちり断ることができる。だからといって仕事を回してもらえなくなるとか、次に誘われなくなるということはない。

そういうふうに自分の意見をはっきりいえる環境を日ごろの会話などから作り上げておいたほうがいいと思う。

ダメな自分と戦っているいまのボクは、悪くないね

これは若い人に向けていったほうがいいことだが、よく、きついほう、大変なほうを選べといわれる。

「若いときの苦労は買ってでもしろ」というのは、その典型だ。

そのほうが自分の将来の糧になるということだが、そんな先のことを考えなくても、大変な仕事はみんなが避けるから、それを引き受けると勝てるということだ。

ラクな仕事、おもしろい仕事はみんながやりたがるから、それだけ競争相手が多い。そのなかで勝ち抜いていくのは、生半可なことではない。それに比べたら、きつい仕事や大変な仕事は競争相手が少ない。

でも、これは若い人だけでなく、年をとった人にも当てはまる。とくに人より優れ

た能力がないという人は、きついこと、大変なことを選んでやっていると、その道で1番になれる。だって、他にやる人がいないから。

何でもいいが、1番になるというのは大事なことだ。

オリンピックでもそうだが、同じメダルといっても、金メダルとそれ以外では、ものすごく差がある。芸能界でも、同じこと。やっぱり主役がいちばん気持ちいい。自分の意見が、ほとんど全部通る。2番になったら、自分の意見は半分しか通らない。3番になったら、3分の1。5番だったら、5分の1。もし、1000人いるような大きな会社で1000番めだったら、自分の意見は1000分の1しか聞いてもらえない。

1番になろうと思っていたら、1番にはなれない

こんなことをいうのは、自分の人生がそうだったから。

やっぱり下のほうにいる人生はおもしろくない。とくに、人と競って負けるとどう

しようもない。負けることの何が問題かというと、負け続けていると、そのうち負けを簡単に受け入れるようになることだ。「まっ、いいか」と、何でもすぐにあきらめてしまう。

だからといって、「じゃあ、欽ちゃんも1番になろうと思ったの？」と聞かれたら、答えは「ノー」だ。

ボクは、この仕事で1番になろうと思ったことはない。これは、ボクに限ったことではない。芸能界でも、どの世界でも、1番になろうと思って1番になった人はいないと思う。

「気がついたら1番になっていた」というのが本当のところだと思う。そもそも1番とか、2番とか、そういうのは自分で決められるものではない。誰かが、「あの人は1番だ」といってくれるから、それで1番になるだけだ。

テレビからボクが消えたワケ

ボク自身のことを振り返れば、むしろ自分が1番になったのではないかと思ったときに、あわててそのポジションから飛び降りたという感じだ。

あるとき、ボクに対する周囲の人たちのお辞儀がやたらと深くなったことに気づいた。雑な扱いをされるのが当たり前だったのに、気がついたら、やたらと丁重に扱われるようになった。

「あれっ、もしかして、オレが1番になったの？」

そんな感じだった。「オレも意外とがんばったな」という意識がどこかにあったのも確かだ。

でも、そうやって下にも置かない扱いを受けて、そこに収まっているのは、いちばん自分らしくないことだと思った。それは、「欽ちゃん」ではなく、「萩本欽一」になってきたということ。

ボクは、「欽ちゃん」と呼ばれているうちは、ずっとテレビをやっていたいとみんなにいっていたし、自分でもそう思っていた。ところが、気がついたら、「欽ちゃん」ではなくなっていた。そのときに、ものすごく不気味な感じがした。

だから『欽ちゃんの全日本仮装大賞』を除いて、1985年にレギュラー番組をすべて降板した。

そのときから、すでに30年以上たっているが、何とかこうしてやっている。73歳になってから、大学にも通い始めた。いま、自分でも、自分のことをおもしろいと思っている。自分でも本当にダメになっているのがわかる。体力的にダメ、能力的にダメ、運を使い果たしてダメと、ダメの三重苦。

でも、そんなダメな自分と戦っているところが、けっこう昔の「欽ちゃん」らしくて、悪くない気分だね。

第5章

恋と旅と仲間について、少々

お酒を飲む、飲まないで、たぶん人生は変わってくる

お酒を飲む人と、飲まない人。この二つに、人は大きく分けることができると思う。ボク自身は酒を飲まないから、飲むのが好きな人とのつきあいはほとんどない。だから、飲む人がお酒に対してどう思っているのか、よくわからない。気分がよくなるとか、明日の活力になるとか、言葉としてはいろいろ聞くけど、本当のところはどうなのだろう？

ただ思うのは、お酒を飲む人と飲まない人とでは、年をとってからの人生がかなり違ってくるのではないかということだ。具体的に、どこがどう違うとはいえないが、何だかそんな気がする。一つだけいえることは、お酒を飲んでいると、その分だけ確実に時間をとられる。もちろん、ボクもまったく飲んだことがないわけではない。若

いころは、「飲むと仕事がはかどるから、飲むのに慣れるように」と、よく社長に銀座あたりに連れて行かれた。そこでチョッと飲むと、フワ〜ッと気持ちよくなって、すぐにぐっすり眠っていた。連れて行ってくれた社長は、「高いところだから、起きてしゃべってくれ」というが、そんなことはボクには関係ない。銀座の高級クラブといっても、ボクにとっては最高の寝床ぐらいにしか思えなかった。

お酒の席より「番組のこと」をひとりで考えたかった

先輩にも、よく飲みに連れて行かれた。飲むと、しょっちゅうぶっ倒れて、そのたびに「しんどいなぁ」と思った。何とか連れて行かれない方法はないかと思い、一度、思いっ切り飲んで、「バカヤロー、ふざけんじゃない」と、先輩に向かってビール瓶を振り回したことがある。そうしたら、「あいつは酒乱だから、もう連れて行っちゃダメだ」と評判になって、それから声がかからなくなった。もちろん、こちらとしては芝居だったが、それでお酒から解放されたので助かった。

仕事がはかどるといわれたが、お酒を飲むと神経が鈍ってくるから、いいアイデアも出ないと思う。それに飲む人につきあっていたら、それだけ時間がなくなる。

おそらく、ボクが酒を飲む人だったら、テレビなんかできなかった。その日の収録が終わったら、すぐ次回のことを考える。考える時間は、そのときしかない。夜の9時に収録が終わったら、そこから明け方の3時、4時まで考える。

その時間に、お酒を飲める人は飲みに行くのだろうが、ボクは番組のことについて考えていた。飲んだところでお金は入ってこないが、その時間に考えていれば番組が当たるかもしれないし、そうなれば周囲の関係者も喜ぶし、収入も増える。飲めなかったことで、結果的に時間をとられずに済んだし、それによってさまざまなアイデアを思いつくことができた。それが仕事の充実にもつながった。

つきあいも大事だと思うが、無理につきあうことはないという気がする。とくに年をとってからは、飲める人は飲める人同士で、飲めない人は飲めない人同士で楽しめばいい。もしかしたら、適度にお酒を飲んで、みんなでワイワイ話をしているのが、ボケ防止につながるかもしれないけどね。

損することを嫌がる人には、得もないのだ

年をとると、何かと愚痴っぽくなるといわれる。

黙っているよりは愚痴の一つもいったほうがいいのだろうが、あらためて考えてみると、愚痴というのは「損をしたくない」という気持ちの表われだという気がする。

愚痴をいっている人をよく観察すると、損をすることをものすごく嫌がる。損をしたくない、その気持ちが愚痴として出てくるのだと思う。

でも、ボクの経験からいって、損をすることを嫌がっていると、いい人には出会えない。だからボクは、何かをしようというときに、まず自分が損をすることを考える。

損を承知で、勝手に物事を始める。

損したくない人ほど、相談する

だいたい損をしたくない人というのは、町内会でもなんでもそうだが、何かを始めるときに、まず相談から始める。

以前、ある地方にお邪魔する機会があった。そこは水害で鉄橋が流されて、電車が不通になっているところだった。鉄道会社としては、もともと赤字が積み重なっている路線だったので、それを機会に廃線にしたいという方針だった。町のほうも、それまでは補助金を出して鉄道の維持に努めていたが、廃線になれば補助金を出す必要もなくなるので、かえってありがたいと思っていた。

ところが、その鉄道を利用している住民の一部は、なんとか復活してほしいと思っている。どっちにしろ、あっちで相談、こっちで愚痴という状況だった。住民の人に会ったら、

「欽ちゃん、何とか鉄道を再開してもらえるように応援してくださいよ」

という。それに対して、ボクはこういった。

「そんなふうに愚痴ばっかりいっている人たちに、ボクは興味がない」

ボクが理想とするのは、たとえば、こんなお父さんだ。

誰に相談するでも、愚痴をこぼすでもなく、あるとき黙って一人でツルハシを持って、何かをやり始める。それで、「何、やっているんですか？」と聞かれたら、「いや、オレは鉄道が再開してほしいと思うから、こうやってツルハシ持って、線路を補修しているの。まぁ、1年で10メートルでもいいから先へ延ばせれば、それでいいかなと思って」。

その行動が、人を動かす

そういう人を、ボクは応援する。そういう人がいたら、ボクもツルハシを持っていって、一緒に線路を直す。自分一人ではできないからと、誰かに愚痴をいったり、みんなで集まって相談しているよりも、そっちのほうが断然いい。

その姿を見て、鉄道を再開したいと思っている人たちが、次々にツルハシを持って線路の補修に参加する。

それを続けていたら、町だって、鉄道会社だって、無下にはできない。

「それじゃあ、鉄道を再開しよう」

ということになるかもしれない。

いまは、そういうたくましいおじさんやおばさんが少なすぎだ。何かあると、すぐに集まって愚痴や文句をいったり、誰かに相談しようとか、役所や議員に陳情に行こうとか、そんなのばっかり。それよりも、本当に自分たちにとって必要だと思うことがあったら、黙って行動したほうがいい。そうすれば、そのうち、「おじさん、オレ手伝うよ」という若い人たちが出てくるかもしれない。

おもしろい番組に「打ち合わせ」はいらない

そもそもボクは、何かをする前に人と話し合うということが嫌いだ。

テレビ番組を作るときも、打ち合わせをしたことがない。普通なら一応、企画会議をして、事前準備をしてというふうになると思うけど、ボクはそういうことはしない。では、どうするかといえば、「コレおもしろいと思うから、やって」と、自分でまとめた企画書や概要をスタッフに渡すだけ。それで、あとは相談しない。その後のことは、スタッフの人たちが好きなように考えればいい。

そうやってできたのが、1970年代から80年代にかけてボクが関係した『欽ちゃんのどこまでやるの！』『欽ドン！　良い子悪い子普通の子』『欽ちゃんの週刊欽曜日』など、視聴率が30パーセントを超えた番組だ。その合計から、ボクは「視聴率100パーセント男」と呼ばれた。

さっきの話ではないが、自分がこの番組をやりたいと思ったら、ツルハシを持ってやり始めるだけ。すると、「じゃあ、オレはレールのほうをやる」、「オレは枕木をやる」と、それについてきてくれる人が現われる。そこには、愚痴もなければ、文句もない。そうしたほうがいいのは、仮に失敗したときに責任をとる人間がはっきりしているし、誰かに失敗の原因を押しつけることもなくなるからだ。

それがおもしろいと思えば、どんどん人がついてくる。ついてくる人がいなかったら、それはつまらないということだから、あきらめたほうがいい。

はじめからあれこれ悩んだり、人に相談したりしていると、自分の発想や、やりたいと思っていたことに対して疑問が出てきて、結局は何もできないままで終わってしまうことになりかねない。

年をとると、なおさらそうなるケースが多い。それではおもしろくない。とにかく、ボクの場合は、「まずは行動ありき」だ。

人生で唯一の忘れものは、女性とデートしたことがないこと

ボクは、かっこいい女性とデートをしたことがない。まったくのゼロだ。

だいいち、女性を誘えない。

「『一緒にごはんでも食べようよ』くらいはいえるんじゃない?」というかもしれないが、それができない。緊張して、アドリブが出てこない。

でもデートをするなら、かっこいいのとは逆のタイプの女性のほうがいいな。人生、半分やけくそに生きているような女性がいい。

そういう人といろんなことを話して、

「あんた、大変だけど、なんかいいよ。オレよりも生き生きしている」

とか、何とかいってさ。

本当の恋人ではないが、恋人同士のように話をする。そうすると、その子がすごく幸せそうな顔をして、

「最近、うれしいことなんてなかったけど、きょうは何だかうれしい」

といってくれる。

その続きは、たとえばこんなのがいい。

「一人で星を見ていてもつまんないけど、二人で見ているといいな。退屈だと思ったら、2分もいたら、もう帰っていいよ。星、キレイだね」

「変な人、ね」

「変じゃないよ、普通だよ。それにしても、あんたも大変だね。もう結構な年なのに、結婚しないの？」

「結婚して、そこから脱出するために、こんなことをしているの」

そういって、借金した話だとか、浮気された話だとか、そんなことを問わず語りに話し出す。こっちは大変だねといいながら、それを聞いている。そんなシーンが淡々と続く。なんだかいい映画を観ているような気分になってくる。

女性の「胸の問題」について

そもそも、ボクはあがり症だということもあって、女性の人と正面を向いて話をしたことがない。

あがり症を抜きにしても、正面を向いて女性と話せないのは、「胸」の問題もある。

胸が大きいというのが、ボクにとってはハードルが高い。何か、見てはいけないものを見ているような、そんな気持ちになってくる。

たとえば、テレビの共演者に関しても、女性の相手役に対して、どういう人がいいというボク自身の希望はない。変ないい方になるかもしれないが、女性であれば誰でもいい。

ただし、胸の大きい女性だけは勘弁してくださいという感じだ。正面を向けないから、どうしても視線が上のほうに行ってしまう。これでは仕事にならない。

真屋順子さんだけ、していなかったもの

これまでのボクの番組で、女性の相手役に関して、ボクはいっさい決めたことがない。唯一の例外が、『欽ちゃんのどこまでやるの！』でお母さん役を演じてもらった真屋順子さんだけだと思う。

真屋さんに決めたのは、別に胸が小さいということではなく、たくさんいた候補者のプロマイドを見て、真屋さんだけがお化粧をしていなかったからだ。

何か、自然な感じがした。それで、

「どういう役をやっていらっしゃる人なんですか？」

とディレクターに聞いたら、

「よく大奥を舞台にしたドラマなんかで、お姫さまをイジメたりするイジメ役が多い人です」

という。

ボクはあまりドラマを見ないほうだから、そういう役をやっている人だとは知らなかった。でも、それを聞いて、

「相当、使っていない運がありそうだから、この人に決定します」

といった。

いくら女優だからといって、イジメ役とか、イビリ役とか、そういう自分の印象が悪くなるような役を引き受ける人というのは、相当いい人だと思った。だから、「もう、この人で決定！」となった。

というわけで、これまでの人生で一つ忘れものがあるとすれば、それは女性とまともにデートしたことがないということだ。芸人として浅草で駆け出しのころは、とにかく貧乏で、女性とおつきあいする余裕なんてまったくなかった。そういうのは、やっぱり一人前になってからだと思った。でも、そのうち世間で知られるようになったら、今度は週刊誌や新聞に何を書かれるかわからない。

結局、そんなこんなで、女性ときちんとデートしたことがないのだ。

いま話題の「不倫」だけど、何が悪いの？

ちょっと話が変わるが、テレビや週刊誌でさかんに不倫だ、不倫だと騒いでいる。でもボクは、そこで叩かれている人に対して、別にいけないことをしているとは思わない。むしろ、「恵まれたいい方ですね〜」という感じだ。

だって、すばらしいじゃないの。40歳や50歳になっても、まだ好いたり好かれたりしているわけだから。だから、週刊誌の記者に見つかったからといって、「すみません」などと謝る必要はないと思う。そうやって謝ってしまうと、やっぱりいけないことをしているように見られてしまう。記者に問い詰められたら、

「あら、見つかっちゃった？」

くらいのセリフをいえばいい。そうすれば、騒ぐほうも拍子抜けして、騒ぐ気がそ

がれてしまう。

でも、これだけ不倫のことが話題になるというのは、もしかしたら自分も一度は不倫してみたいと、世間の多くの人たちが思っているからかもしれない。自分もそうしたいが、現実には世間体とか、立場とかがあってできない。それをテレビや雑誌に出てくるような人たちがしているから、ねたましくなって、叩きたくなるのだと思う。

そもそもボク自身は、その手のテレビ番組や週刊誌は見ないから、誰と誰が不倫しているとか、結婚したとか、離婚したとか、よくわかっていないけどね。

だいたい結婚式なんて、よくできるよね

だいたい、ボク自身は結婚式も挙げていない。

人から結婚式に来てくださいと呼ばれる機会は多いが、正直にいえば、よくあんな恥ずかしいことができるなと思っている。大勢の人を前にして、「これが一緒になった女性です」と、得意になって披露しているが、恥ずかしくないのかな? むしろ、「ど

うして結婚式をしないのですか?」と聞かれて、「人さまに見せられるようなものは、もらっていません」と答えたりするほうがおもしろい。

女優とコメディアンは釣り合わない

話は戻るが、ボクは本当にモテない。

いや、もしかしたらその気がある女性もいたかもしれないが、こっちが女性と目線を合わせないようにしていたから、気づかなかったのかもしれない。これまでよくいわれたのは、「気づかなかった?」のひとことだ。

若いころに劇団をやっていたが、女の子がやめたので、「何で彼女がやめたのか、知ってる?」と仲間に聞くと、「いや、欽ちゃんが好きだったから……」といわれたことがある。

女性と目線を合わせられないのは、単純に恥ずかしいということもあるが、そもそもコメディアンという仕事が、そういうこととかかわれるような立場ではないという思いがあるからだ。「女優さんに惚れたり、一緒にお茶を飲めたりするようなポジションにいないだろう、オマエは」という感じだ。

共演した女性のタレントさんから電話番号を書いた紙切れをいただいたりしたこともある。心の中では、「何か幸せだな」という思いもある。素直にうれしいし、本当に一緒にお茶でも飲みたいと思う。

でも、そんなことをしてはいけないと思ってきた。

だから、「どうもありがとう。でも、欽ちゃんなんて大した男ではないよ」と自分に言い聞かせるようにして、帰りの車で川の近くなどを通りかかると、その紙切れを丸めてピュッと捨てた。

でも、そのおかげですごくよかったと思うのは、ボクの番組にステキな女優さんがたくさん出演してくれたことだ。ボクには女性に関する変なウワサがなかったから、女優さんたちも気持ちよく出てくれたのではないかと思っている。

オヒョイさんのおバカさんに徹する品格

この人は立派だと思える人、いい仕事をすると思える人、そういう人たちにたくさん会ってきた。それだけですばらしいことだが、それ以上にすばらしいと感じるのは、そうした人がおバカさんを演じているときだ。

たとえば、その典型が藤村俊二さんだった。

もう亡くなってしまったが、オヒョイさん（藤村さんのアダ名）ほど、おバカを演じて似合う人はいなかった。それは、間違いなくすばらしい才能だった。『ぴったしカン・カン』という番組を一緒にやったが、誰が見ても絶対正解だろうというときに、決まって間違える。だから、街に出ると、子どもたちから「バカ、バカ」といわれる。

でも、それを聞きながら、「『ぴったしカン・カン』は、しばらく大丈夫だ」という。

「そういうふうにいわれているうちは、ボクはこの番組の中で立派に役目を果たしていると思う」

そのひとことを聞いて、オヒョイさんはすごい人だと思った。オヒョイさんの口癖は、「ボクは芸能界の箸休めでありたい」だった。メインは他の出演者に任せて、自分はあくまでも箸休めとしておバカさんに徹する。それでいて全然、嫌味にならない。こういう人が本物のシャレ者だと思う。

そんなおバカさんが似合うオヒョイさんと一緒にアメリカに行ったことがある。オヒョイさんがアメリカ人と普通に英語で会話している。テレビで英語を話している場面など見たことがなかったから、あれには驚いた。でも、オヒョイさんならそうかもしれないと思った。本当に優れた人というのは、そういうものだから。

二郎さんのボケの才能

おバカさんを演じてすばらしかった人といえば、コント55号の二郎さんもそうだった。あるとき、子どもからボクに手紙が来た。

「欽ちゃん、二郎さんをぶたないでください。欽ちゃんがあんまりぶつから、二郎さんはバカになったんです」

そう書いてあった。二郎さんの迫真のボケをこっちはいじっているだけだったが、いじられている二郎さんが、子どもには本当のバカに見えたということだ。そこが二郎さんのすごいところだ。

ボクもときどき、おバカさんになる。それは、おバカさんを演じているというより、何の役にも立たないが、どうしたらおもしろくなるのだろうと、一生懸命考えたうえでの行動だ。「そういうバカなことに、よく気づきますね」と、まわりの人たちからよくいわれる。ボクにとって、それは最高のホメ言葉だ。

最近、冬場になるとときどきやっているのが、トレーナーのズボンを前後反対にはくことだ。ウチにやって来た若いやつがそれを見て、「大将、逆じゃないですか?」という。

「イヤ、オレは逆にはいているわけじゃない。たしかに最初は、たまたま逆にはいてしまったけど、脱ぐのが面倒くさいので、そのままにしてみた。そしたら、意外といいものだとわかった」

そんなふうに答える。どういうことかといえば、前後を逆にはくことで、本来であればお尻のところについているポケットが前に来る。そのポケットに両手を入れると、何だかおもしろい。最初は間違いだったかもしれないが、それを意識してやってみることで、その間違いが俄然、おもしろいものになる。

失敗にオチをつける

それはつまり、失敗をただの失敗で終わらせないということだ。

普通、ズボンを前後反対にはいたら、失敗だといって正しいほうにはき替える。それだと、それで終わってしまう。そこから先は何もない。でも、そこであえてはき替えないで、ポケットに手を入れてみる。そこから新しい何かが生まれる可能性がある。失敗も、考え方次第でおもしろいものになる。

そうした発想が、とくに年をとった人ほど必要だと思う。なぜかといえば、年をとってくると、人は何かと失敗することが多くなる。それは仕方のないことで、それをいちいち気にしていたらキリがない。むしろ、そうした失敗から何かを生み出すような発想の転換や工夫する精神があったら、自分自身も、まわりの人間も楽しくなってくる。

どうせなら、ポケットに手を入れるときの入れ方にも工夫がほしい。やってみるとわかるが、ポケットにすっぽり全部、手を入れると、ちょっと態度がデカく見える。「なんだよ、オイッ！」と、人にイチャモンをつけているように見えてしまう。そこで、親指だけを入れる。すると、とたんにかわいくなる。外に出ている指を鳥の翼のようにパタパタ動かしていると、何だかひよこになった気分になってくる。

これだと、見た目にも安心だ。とくにお金を持っているようなときは、こんなカッコウをして街を歩いていると、いかにもお金を持っていなさそうな人に見えるから、だましたり、脅そうとする人はまず寄ってこない。だから、だまされるのではないか、取られるのではないかと心配する必要もない。

ボクは、そういうつまらないことを毎日、一生懸命考えている。こういうことは、若い人には意外とウケがいい。こういう世の中や人のためには何にもならない工夫や発想に込めたボクの思いや考え方を話すと、若い人たちは喜んでくれる。

おそらく、いまの若い人たちは子どものころから、「こうすると○○のためになる」という費用対効果的な話ばかり聞かされて育ってきている。学校でもそうだし、家でもそうだ。だから、おバカさんを演じる術を知らない。それで、人がおバカさんを演じているのを見ると、素直におもしろいのだと思う。

これは、若い人たちに限ったことではない。いわゆる団塊の世代とか、高度成長期に育った人たちは、他人から侮られてはいけない、バカだと思われたら負けだといわれ続けてきた世代だ。いまさらおバカさんを演じられない。どうしても世間の常識や世間体にとらわれてしまう。

でも、それではおもしろくないし、自分で自分を窮屈にしているようなものだ。もちろん、社会的にダメなことはやめたほうがいいが、いまいったようなダメは、かえって愛嬌があって許してもらえるのではないだろうか。

行く店、行く店がつぶれてしまう。でも、そんな店にはドラマがある

よくテレビで、「芸能人の行きつけのお店紹介」のような番組をやっている。あの手の番組が、ボクは苦手だ。一つには、この年齢になって、「あの店の、あれが食いたい」というようなものがもうない。もう一つは、ボクが行って気に入った店は、ほとんどが閉店するからだ。

ボクにとって、食は「遊び」の一つだ。遊びだから、食べに行って楽しいところでないと行く気がしない。そんなボクが好きなのは、お客さんが入っていない店だ。店にはお客さんがボク一人しかいないから、貸し切りのようなもの。何が贅沢といって、これほど贅沢を感じるときはない。

客のいない中華料理店

この前も、そうした店の一つの中華料理店に若い連中を連れて行った。お客さんが誰もいないのを見て、さすがに若いやつも不安そうな顔で、「大将、誰もいないですねぇ……」という。

「お客さんが誰もいないというのは、まずいとか、何かあるんじゃないですか？」

「つまんないこというね、オマエも。誰もいないほうが貸し切り気分を味わえていいじゃないか」

そういっているところへ、ちょうどチャーハンが運ばれてきた。それを一口食べた若いやつが、「ちょっとしょっぱいですね、チャーハン」という。

「しょっぱい？　う〜ん、たしかにちょっとしょっぱいかもしれない。でも、それは、お客さんが誰もいないから、そう感じるんだよ。何で、これが本場の味だと思えないかね？『やっぱり本場は、しょっぱいんですね』くらいいえよ」

そうやって、連れて行ったやつらがケチをつけるのに対して、いちいちボクが混ぜっ返す。

「この肉野菜炒め、肉が少ないんじゃないですか?」

「オマエ、余計なこというね。違うんだってば。本場じゃやね、肉なんてほとんど入ってないんだよ。それがこんなに入っているんだから、どうしてサービスだって思えないかね?」

正直いって、たしかにおいしくはない。でも、それを、「さすがに本場の味は違う」などといいながら、変な顔をして食べるのが最高におもしろい。そうやってみんなで笑いながら食べていたら、店のおじさんが出てきて、「これ、食べてください」と、唐揚げの大盛りをサービスしてくれた。

「ほら、見ろ。どこの店に、これ食べてくださいといって大盛りの唐揚げを持ってきてくれるところがある? こういうことがあるお店のほうがうれしいだろっ⁉」

そういってやった。その後も、「あの店に行くぞ」というと、みんなが「あそこは勘弁してください」という。

「勘弁してくださいって、どういうことだよ。こっちがごちそうしてやっているのに、『勘弁してください』はないだろ？　そんな話、聞いたことないよ。『それは結構ですね！　やっぱりあそこですね！』と、そういう会話をしてくれる？」

「いやぁ、大将、やっぱり変えましょうよ、お店」

「オマエ、それはマジっぽくてイヤだな。どうして、『あそこ、いいですね』といえないかね？　メシを食うくらいで、あれがおいしい、これがおいしいって、少しでも得しようと考えているところが粋じゃやないよ」

そういって、もう一度強引に連れて行ったら、その店がない！　いや〜、あれには笑った。

「大将、やっぱりなくなりましたね。なくなって当然ですよ」

「オマエらの会話は、並でおもしろくない。誰か、『残念ですね』とかいえよ」

そんな感じで、ボクが行く店、行く店がなくなってしまう。お客さんが入っていないのだから、それも仕方ないことだが……。

トロがないお寿司屋さん

この前なくなったお寿司屋さんも、おもしろい店だった。4人で食べたら、1万7000円。その次に5人で食べても、やっぱり1万7000円。

「お父さん、この前と人数が違うからさ。一緒の値段ってことはないんじゃないの?」

「バカやろう、オレが計算を間違えるわけがないだろう」

と、いう。お金を払うときに女将さんに、「お母さんさ、お父さん、計算間違えていると思うよ」と小さい声でいったら、「間違えてても、お父さんがいうこと変えられないんですよ」と、女将さんがあきらめたようにいっていた。

その店で一度、「トロ、ちょうだい」と注文したときもおもしろかった。まわりにいるお客さんに向かって、そのオヤジさんが大きな声でこんなことをいった。

「トロだってよ、こいつ。ウチでトロ食うやつなんていねぇよなぁ。生意気だね、この野郎。そんなもの食いたいなら、先にいっといてくれ。ウチにはトロ食うやつなんていないから、仕入れてねぇんだよ」

そこのお寿司屋さんが、小田急線の拡張でなくなることになった。

「お父さん、お店やめちゃうの？」

「いやぁ、うれしいね。小田急が買ってくれるというから、もう、うれしいったらありゃしねえよ」

「お父さん、やめたくないんでしょ、本当は。残念だと思ってるんじゃやないの？」

「バカ野郎、早くやめたいって思ってたんだよ」

そう強がっていた。あの会話も、おもしろかった。その店も、もうない。

注文したものが出ない店って、いいね

そんな調子だから、注文したものを間違えて持ってくるようなお店のほうが、ボクにとってはおもしろい。そういうときに、やたらとお店の人を怒ったりする人もいるが、ボクにとってはむしろ、そっちのほうが楽しい。

「あれっ、うどんじゃないの、これ？　オレが頼んだのは、そば」

「あっ、スミマセン。すぐ、替えてきます」

「それ、持っていって誰が食べんの？　オレが食ったほうが、ものごとが穏便に済むんじゃないの？　オレ、頼んだやつじゃないとダメっていう性格じゃないよ。これでもう、満足しちゃうタイプだからさ。置いていけば、いいんじゃないの？」

「いやいや、大丈夫ですよ。すぐ作り変えてきます」

「いいよ、これで。意地でも、これ食う」

「そうですか、スミマセン」

「スミマセンなんていわないでさ、『これが好きだと思って持ってきました』くらいいえばおもしろいじゃない。言葉を変えればいいと思うよ」

ざっと、こんな感じだ。それを食べていると、お店の人が気を遣って、「あのー、何だったら、おそばも持ってきましょうか？」といってくる。そんなことがあると、ますますこっちはノッてくる。

「いや、それを食べちゃうと、それが食いたかったということになるだろ？　せっかく、いいお客さんを演じているのに、それも持ってきてというと、ただのセコい客になってしまう」

帰り際には、「いやー、もう気分がよくなる会話をしてくれたんで、はい、これはチップ！」といって、お釣りの細かいのを渡す。すると向こうも、「いやいや、本当に申し訳ありませんでした。逆に、細かいのはけっこうですって、こっちがいわなきゃいけないのに」となる。

こういうことがあると、かえっていい言葉が聞ける。いい言葉が聞けるほうが、ボクにとってはずっとおいしい。もともと、食べることにそれほど執着はない。食べるものも、何でもいい。だから、お店に入って何か注文するときも、適当にいっているだけで、それがどうしても食べたくて注文するということは、まずないね。

何を食べるかよりも
お店の人を楽しくしてあげたい

地方に行ったときも、ボクのお店の探し方は人とはちょっと違っている。普通はタクシーの運転手さんなどに、流行っているお店や人気のお店を聞いて、そこに行く人が多いが、それではつまらない。

この前、青森に行ったときも、タクシーに乗って、

「行列のできるラーメン屋さんに行ってください」

とお願いした。連れて行かれたラーメン屋さんの前でタクシーを降りたが、その店には入らない。まわりを見渡して、そのお店からいちばん近い、いかにもお客さんが入っていなさそうな店を探して、そこに入った。

客のいないラーメン屋が好き

どうしてそういうお店を選ぶかというと、そのほうがお店の人との会話が断然、楽しいから。そのときの会話も、こんなふうだった。

「あれっ、欽ちゃんじゃない。何で、ウチ来たの？」

「タクシーに乗って、行列のできるラーメン屋さんに行ってくださいとお願いしたら、ここに連れてきたの」

「いやぁ、それ間違いだよ。それ、あっちの店だよ」

「だって、ここにタクシー止まったもん。オレ、ここで食いたい」

さらに運ばれてきたラーメンを食べながら、こんな会話が続いた。

「お父さん、うまいねぇ」

「ウッソだぁ！」

「ウソじゃないよ。行列ができる店でもないのに、これだけの味を出すって、なかなかできることじゃないよ。うまいよ。オレ、もう生涯忘れられないな」

「ほんとかい？　ほんとにうまい？」

「うまいなんてもんじゃないよ。でも、これで行列ができていないのは、ラーメンが悪いわけじゃない。ちょっとお店の雰囲気とか、そんなところだと思うよ」

「そう思う？　オレももう少し店をキレイにしたほうがいいと思ってるんだよ」

「わかってるじゃない、お父さん。でも、オレは好きだけどね、この感じ」

そのうち、お父さんが、

「欽ちゃん、これうまいんだよ」

といって、瓶詰めのアワビを持ってきた。それをつまみながら、また話が弾んだ。何が楽しいといって、こういう会話が本当に楽しい。店を出る前に、

「おつりはいらないよ。こんなにうまいもんを食わせてもらって、おつりはいらない」

といったら、

「それ、まずいよ。よくないよ。だったら、これ持ってきなよ」

と、おみやげまでもらってしまった。

もう、いい年だから、「あの店の、あれが食べたい」などという欲はない。それよりも、お店の人の気分をよくしてあげるほうがよっぽど楽しい。お店の人とどう楽しい会話をするかということが、ボクにとっては大事なことだ。その意味でも、ほとんどお客さんが入っていないお店のほうがいい。たとえば、お客さんがいないおそば屋さんに入ると、こんなふうになる。

「お父さん、このそばさ、手打ち？　それとも機械で打ったそば？」

「すいません。昔は手で打ってたんですが、いまはもう機械になっちゃって……」

「すいませんって、お父さん。ちっとも、すいませんじゃないよ。オレはね、機械で打ったそばを食べたかったんだよ。うれしいな」

「うそだぁ、手打ちのほうがいいよ」

「いや、オレは機械のほうがいいんだって。やっぱりうまいね、機械のそば」

こんなことをいっていると、本当にお店の人が笑ってくれて、話も弾む。そばを食べることよりも、お店の人を楽しませて帰るほうがよっぽど楽しい。

観光よりも、現地の人との会話を持ち帰る

これまで何度も外国に行ったが、ほとんど観光らしい観光をしたことがない。あそこに行ったら、あの景色がいいとか、ここに来たら、この教会を見るべきだとか、そういうのがおもしろいという人の気持ちがわからない。ボクが外国で興味があるのは、そこで暮らしている人たちだけだ。

ある外国人女性との思い出

以前、仲間と3人で外国に行ったことがある。つきあいで、いわゆる娼婦がいるような店に入った。そのなかの一人の女性と懇意になって、店を出た。「ホテルで、ア

レするんでしょう?」といってきたが、それは断った。「あなたが、いつも行くようなところに連れていってほしい」とお願いしたら、向こうは不思議そうな顔をしていた。彼女がいつも食事をするお店に連れて行ってもらって、そこで一緒に食事をしながらおしゃべりをした。

「食事が終わったら、どうするの?」

「ときどき、クラブみたいなところで踊る」

そこにも連れて行ってもらって、一緒に踊った。踊り疲れたので、椅子に腰かけて、そこでもちょっと話をした。

「お嫁には行かないの?」

「田舎から出てきてるから、この商売を3年やって、お金を貯めて、それから田舎に帰ってお嫁に行くの」

「すごく健康的だね!」

お金を渡して、「ありがとう、楽しかったよ。日本人でもさ、こういう男もいるの。エッチな男ばかりじゃないんだよ。それを知っといてもらいたいと思ってね」といったら、すごく感激して、「ステキな日本人ね」といってくれた。

「これはオマケ。国に帰って結婚するときの費用の一部にしてね」

「こんなにいっぱいは、まずいよ。ごはんをごちそうになっただけで十分なのに」

と、ステキなことをいう。帰っていくときに、遠くのほうから振り返って、

「また会おうねー」

と手を振っている。また会うことはないだろうが、そうやって二人でいつまでも手を振り合っていると、何だか映画のラストシーンみたいでよかった。

思い出は、かたちのないものがいい

帰ってきてから、放送作家たちにその話をした。その後、しばらくたってから、彼らとフィリピンに行くことになった。そのうちの一人が、何とフィリピンで行方不明になってしまった。みんなで心配していたら、一週間後にひょっこり帰ってきた。話を聞いたら、ボクの話をそのまま実践したという。

女性に、どこに行きたいかたずねたら、「実家に行きたい」というので、彼女の実家に一緒に行って、そこで一週間すごしたという。最後に、彼女のお父さん、お母さんから「ありがとう」とお礼をいわれ、兄弟姉妹がたくさんいたので、彼らにお小遣いをあげて、「ステキな日本人の友だち」といわれて帰ってきたという。

こういうのが海外旅行の楽しさだと、ボクは思う。

こういうふうに、「日本人は紳士だ」、「日本人はステキだ」と思われるような旅行がしたい。そこでいろいろな人に人生の話を聞くと、「なるほどなぁ」、「ステキだなぁ」と思うことがいっぱいある。

一緒に行った仲間が、ボクのことを、「この人は日本で有名な芸能人で、毎日、何時間もテレビに出ている」と話したら、「人間は8時間仕事をして、8時間遊んで、8時間寝るのが当たり前なのに、あなたは不幸ね」といわれた。こんなセリフは最高だ。日本ではテレビに出ずっぱりなのが幸せだと思うかもしれないが、外国の人から見たら、それは不幸なことかもしれない。

そういう会話が楽しいし、それを話している人がおもしろい。いい人に出会えると、何だかとっても得した気分になれる。そのいい人というのも、決して立派な人ではない。むしろ、見るからにダメな人とか、苦労してがんばっているような人だ。そういう人の話のほうが、哀愁があっていい。

これまで、かなりいろいろな国に行ったが、ボクは海外で撮った写真が一枚もない。「写真、撮る?」と聞かれても、「撮らない」と断っている。ボクにとって思い出になるのは、言葉だけ。現地の人との会話を思い出として持って帰る。

夜のハワイをぐるぐると

外国に行って、いままでいちばん楽しかったのは、ハワイに行ったときだ。

夜中の1時ごろにホテルを出て、タクシーをつかまえた。どこへ行くというアテがあったわけではない。ただ、夜のハワイをぐるぐる回りたかっただけ。

英語ができないから、口から出まかせに、

「オール、ロード、ゴー!」

と運転手にいって、前方を指さした。運転手は困った顔をしていたが、とりあえずクルマを発進させた。

そのまましばらく走っていたが、そのうち、どこかの家の前にクルマを止めて、その家の扉をトン、トンとノックしている。すると扉が開いて、そこの家の人らしい人が出てきた。二人は何やら話していたが、その人がボクのところにやってきて、

「アノー、アナタハ、イッタイ、ドコニ、イキタイノデスカ?」

と、日本語で聞いてきた。その人は、日本語が少しわかる人だった。そのことを運転手は知っていて、それで聞きにきたのだ。

そこでボクは、

「あのね、1時間ぐらい、ただグルグルと、この島をクルマで走ってほしいだけなの」

といった。その人は、

「アー、ソウデスカ。ワカリマシタ」

といって、運転手さんに何やら話している。事情が呑み込めた運転手はすごく喜んで、「オッケー、オッケー」といって、島を一まわりしてくれた。

黙ってクルマに乗っているのもつまらないので、英語ができないなりに、片言で話しかけるのだが、会話がさっぱり進まない。すると運転手がパッとボクの顔を見て、

「ウエヲム～イテ♪」

と歌い出した。だからこっちも、

「ア～ルコウ～～♪」

と続けて歌った。それで二人のフィーリングが合ってしまった。クルマをグルグル走らせながら、ハワイの夜空の下で、二人でずっと『上を向いて歩こう』を歌い続けた。40、50回は歌ったと思う。あれは、本当に楽しかった。

第6章

運はいつでも遠くにある

「遠く」にすると、離れた分だけ運がたまる

ボクは運を大事にするようにしてきた。

それだけはいえる。その根っこにあるのは、自分には大した才能がないという思いだ。成功するためには、運にかけるしかなかった。ボクは運だけで有名になったという思いがある。

人間には仕事、お金、家族、友だち、女性など、そのときどきで働く運がある。今年は仕事運がよかったけど、友だち関係はあまりよくなかったという具合に。

だから、仕事も、お金も、女性もという具合に、一度にあれこれがっつくと、うまくいかない。テレビが調子いい、数字が取れているというときは、そこに運があるということだから、それに集中するしかない。そうしないと、せっかくの運が逃げてい

く。そのときは、女性とデートしたいなどと望んではいけない。そうしてやってきたからこそ、ボクはテレビで成功することができたと思っている。そのことに関しては、我ながら徹底していたと思う。

ボクなりの「運」の作り方

だから、番組が当たっているときは、銀座も新宿も見たことがなかった。

もちろん、クルマでは何度も通っていたけど、街を見たという感覚はない。クルマで移動中も、仕事のことで頭がいっぱいだった。「遊びも仕事もバランスよく」なんて、これっぽっちも思わなかった。そんなことはできない。そんなことをしていたら、せっかくの運を逃してしまう。とにかく仕事をするときは、とことん仕事をする。年をとったら、いくら仕事をしたいと思っても、仕事ができない状況になってしまうという思いもあった。休むのは、それからでいい。そう思っていた。

なぜ、それほど仕事にのめり込んだのか。

答えは、簡単だ。

仕事がうまくいくことが、人生でいちばん気持ちのいいことだったから。人とのつながりもよくなる。その反対に仕事がうまくいかないと、すべてがつまらなくなる。人も寄ってこない。ボクにとっては、それが運に見放されたということだ。

ボクには、ボクなりの運の作り方というものがある。

それは、「遠くする」ということだ。

近い、遠いの、遠い。ボクにとって運とは、「距離」の問題だ。遠くすることで、離れた距離の分だけ運がたまる。逆にいえば、近いところに運はない。わかりやすくいえば、たとえば宝くじを買うとする。有楽町とか、新宿とか、近いところで買った宝くじは当たらない。もし、宝くじを当てようと思ったら、北海道や沖縄まで買いに行く。それが遠くするということだ。

坂本龍一さんと『めだかの兄妹』は、「遠い」

仕事も、同じこと。最初からスムーズにいった仕事は、ほぼ100パーセント失敗する。番組を始める。ちょっと話題になる。するとテレビ局も力が入って、記者やマスコミを集めて記者会見をする。そうやって記者会見したような番組は、すべてダメだった。その逆に、成功した番組は記者会見もなし、番組宣伝もなし。

当たりそうな気配が出てくると、テレビ局では「番宣しませんか？」、「ポスターを作りたいんですが」といってくる。そこで番宣したり、ポスターを作ったりするのは、近くするということになる。だから、「番宣しないでください」、「ポスターを作らないでください」といって、できるだけ遠くなるようにする。そうやって遠くしたものが全部、当たっている。

だから、「最短で」とか、「効率よく」とか、最近の世の中でよくいわれていることも、運ということからいえばダメだ。

例をあげれば、『欽ちゃんのどこまでやるの！』から誕生した、わらべという3人組の女性ユニット。のぞみ、かなえ、たまえの3人組。まず、あの3人は、華やかなアイドルが全盛だった時代に、どちらかといえば田舎っぽい、素朴なキャラクターで売り出した。当時のアイドルの基準からは、あえて遠くした。それが、当たった。

そのわらべが、『めだかの兄妹』というレコードをリリースした。あの曲は作曲が三木たかしさんだが、「曲を作って」と三木さんにお願いしたら、最初は「できません」と断られた。それでもお願いして、曲が完成したのは半年後だった。当時のアイドルが歌う曲とはまったく違う童謡調の曲だった。「あぁ、ずいぶん遠いな」と思ったから、これは当たると思った。

実際にレコードにするには、アレンジが必要だという。「誰にアレンジを頼むの？」とレコード会社の人に聞いたら、「いま、日本でアレンジャーといったら、この3人です」といってきた。その3人で、99パーセントの曲をアレンジしているという。「その3人のなかから決めます」

「それは、近いな。その3人だけはやめてちょうだい」

「やめてといわれても、じゃあ誰に頼むんですか？」

「それは自分たちで考えてよ」

そういって、これもまた、あえて遠くした。すると1週間後に、「考えました」といってきた。それが、坂本龍一さんだった。その当時、すでに坂本さんはYMOの活動などで有名だったが、まさか世間は、『めだかの兄妹』のような童謡調の曲のアレンジを坂本さんがするなんて思ってもいなかっただろうから、「それは遠くていい」と思った。

でも、やっぱり最初は、いい返事をもらえなかった。すぐにいい返事をもらえないということは遠いということだから、スタッフに「どうやったら引き受けてくれるか、1週間考えて」といった。1週間後に考えたというから、「じゃあ、行ってきて」と送り出した。返事は「オーケー」だった。後で、そのスタッフに「どうやって頼んだの？」と聞いたら、玄関を開けて、いきなり土下座して、「引き受けてくれないと土下座をやめない」といったそうだ。そうしたら坂本さんが、「やるから、土下座はやめてくれ」といって引き受けてくれた。

それで終わりではない。アレンジも終わって、すぐにレコードを出すというから、ストップをかけた。まずテレビで流して、「レコードはないんですか？」と、視聴者から問い合わせの電話が50本かかってきたら、そこでレコードを出そうといった。3

か月ぐらいしたら、テレビ局の人が、「50本、電話がかかってきました」というから、やっとゴーサインを出した。そうやって遠くに、遠くにしたおかげで、『めだかの兄妹』は、その年のシングルチャートで第3位。その次にリリースした『もしも明日が…。』は、翌年の年間シングルチャートで第1位になった。

「近い」から、児童劇団から子役は探さない

見栄晴の子ども時代を演じる子役を選んだときもそうだった。

「見栄晴の子役、どうやって探すの?」

と番組スタッフに聞いたら、「児童劇団に電話すると、いくらでも来ます」という。それは近すぎる、それでは当たらないと思ったから、「そのなかに当たりはいないから、電話して呼ぶのだけはやめて」とお願いした。「じゃあ、どうやって選ぶんですか?」と聞くから、「それはオレが考えることではない。どうするかは、あなたたちが考えることだろう」と突き放した。

そうしたら、若いADが二人で相談して、2か月間、毎日、幼稚園や保育園を回ったらしい。回ったといっても、物陰に隠れて、登下校する園児をのぞいていた。当然、不審者だと思われて、二度も警察に連れて行かれた。それでも、これだと思うような子役を見つけてきた。それで、「あした、その子を呼ぶんで、大将も会ってください」という。

でも、ボクには、2か月も苦労して、二度も警察に捕まったという話だけで十分だった。スタッフには、「その子で決定。すぐに本番に連れてきて」といった。おかげで、その子も当たった。その後、その子はアメリカに留学して、この前、「アメリカの大学で教授になりました」という手紙が来た。

そういうふうに、遠くに、遠くにすることで、「物語」が生まれてくる。いい物語ができれば、そこに運がくっついてくる。だから成功するためには、物語が必要になる。そのためには、遠くに、遠くにする。ボクがやったことは、いかに遠くするかだけ。別に自分でアイデアを出したわけではない。なるべく遠くなるように操縦しただけだ。

「遠く」することで成功した小堺一機と関根勤

「遠く」にすることで、結果的に運が向いた例をもう一つ話しておこう。

それは、小堺一機と関根勤だ。彼らも『欽どこ』でブレイクしたが、それまでなるべくボクから遠くに離すようにしていた。

最初は事務所のマネージャーが、

「欽ちゃんが好きだといって、うちに若いのが二人入ってきましたが、連れて来ていいですか？」

と聞いてきた。ボクが好きで入ってきて、その好きな人にすぐ会えるというのは近すぎると思って、「連れて来るな」と答えた。「有名になりそうな顔をしているの？」とマネージャーに聞いたら、「うーん、顔はそんなに悪くないですね」という。

「だったら、余計、連れて来ないほうがいいよ。遠くに離しておいたほうがいい。まずは面倒を見ないことだね。事務所において、放ったらかしにしたほうがいい。それでも5年、事務所にいるようだったら連れておいで」

ボクの言葉通り、事務所は本当に二人を放ったらかしにしておいた。それから5年目に、そのマネージャーがいってきた。

「あいつら、放ったらかしにしておいたら、二人で喫茶店のようなところに頭下げて頼み込んで、ライブをやっています。それが、けっこうおもしろいんですよ。大将、今度、見に行きませんか？」

そういうから、「いや、見に行かなくて大丈夫。すぐに連れておいで」といって、すぐに『欽どこ』に出演させた。

結局、二人がよかったのは、がっついていなかったということだ。

すぐに有名になろうなどと考えていなかった。普通は会いたい人に会えないと、すぐに辞めていく。

それが辞めずに5年も事務所にいて、しかも自分たちで喫茶店に頼み込んでライブをやっているというのは、自分たちで動いたということだから、それは本物だと思った。だから、すぐに番組で起用した。それが当たった。

柳葉敏郎がずっと守ったボクとの「約束」

『欽ドン』で起用した柳葉敏郎も、後々、面倒を見てよかったと思わせる男だった。彼は39歳のときにボクのところに来ていきなり、

「結婚してもいいですか？」

と聞いてきた。こっちはびっくりして、

「オマエ、39歳にもなって何やってんの。早く結婚しろよ」

と答えた。すると、「大将、そりゃあないでしょう」というから、「何が、そりゃあないでしょうだよ？」と聞いた。

「だって、大将がいったんだよ。40歳まではファンに対する恩返しというものがあるから、それまでは女性がどうのこうのというのは失礼にあたる。もし結婚するなら、

40歳になってからしろって」

こっちはそんなことをいった覚えはなかったが、ボクがそういったから、彼は40歳になるまで結婚を待ってくれと奥さんにいっていたのだそうだ。こんなに人の言葉を素直に聞ける人はそうはいない。ボクの言葉を聞いて、彼は結婚を遠くにした。奥さんも、その遠さに一生懸命、耐えた。ここには、物語がある。

彼はいま、ふるさとの秋田で奥さんと二人の子どもと一緒に暮らしていて、仕事のあるときだけ上京しているという。家と仕事場が離れている。これも遠いということの一つなのかもしれないね。

楽しいことと、楽しくないことの大きさは釣り合っている

いまから思うと、それなりに仕事を続けることができたのは、お酒を飲めなかったことと、クルマの運転免許を持っていなかったことが大きかったと思う。

クルマの運転ができないと、まず女性とデートできない。電車でデートというわけにもいかないから、タクシーに乗ることになる。すると、「欽ちゃん、でしょう?」と運転手さんにバレてしまう。そのときにまさか、「ちょっとデートで……」ともいえない。

事務所に入ったとき、「運転免許は?」と、いきなり社長に聞かれた。「持っていません」と答えたら、「免許ぐらい持ってなくちゃや。クルマを運転する役が来たらどうするの?」といわれた。「運転する役は受けません。クルマの後ろに乗っている役だ

け受けます」といったら、「バカなことをいっているんじゃないよ」と笑われた。

欲しいからこそ「いらない」と思う生き方

お酒はどうでもよかったが、クルマの免許は欲しいと思ったこともある。クルマの運転ができると楽しいという話をたくさん聞いていた。

でも、ボクは生き方として、何かが欲しいと思ったときは必ず、「だからこそ、いらない」と思うようにしてきた。

なぜかといえば、楽しいと思った方向にそのまま行くことは、それによって人生が変わってしまうと考えていたからだ。人生が変わってしまうような楽しさは取り入れないほうが、仕事を続けるためにはいいと思った。それでクルマの免許は取らないと決めた。

自分がそうなったら楽しいだろうと思う方向に行くと、楽しいことがあると同時に、必ず楽しくないことにもぶち当たると、ボクは思っている。逆に楽しいと思うことを捨てると、楽しくないことにもぶち当たらない。楽しいことの大きさと、楽しくないことの大きさというのは、ちょうど釣り合っている。楽しいことであればあるほど、楽しくないことにぶち当たったときの反動も大きい。

クルマは、その典型だと思う。

クルマが運転できたら、どこでも行くことができるし、女性とデートすることもできるが、それで事故を起こすこともあるし、マスコミに追いかけ回される可能性もある。ボクがクルマを運転していたら、きっとどこかで事故を起こしていたと思う。なぜかといえば、クルマに乗ると、すぐに寝てしまうから。運転していると違うという人もいるが、ボクに関してはきっとそうだと思う。そうなったら、大変だ。

年をとったら必要な芝居がある

いいことが20、30個見えていたとしても、1個だけ危ないと思うことがあれば、その1個が致命傷になることがある。とくに、芸能界というのはそんなところだ。

どんなに有名になっても、たった1個の致命傷のおかげで突然、やめなくてはいけなくなる。クルマの事故も、その一つだ。だから芸能人は、クルマの運転には注意したほうがいい（芸能人に限ったことではないけどね）。そんなわけで、クルマは絶対楽しそうだと思ったから、逆に免許は絶対にとらないと決めた。

でも、クルマが運転できなくて損をしたということはない。逆に、得したと思うことはある。運転してくれる人には失礼だが、ゴルフに行くときなど、後ろに乗っているのは本当に楽だ。「着いたよ」といわれるまで、寝ていられる。年をとったらとくに楽だと思う、後ろに乗っているのは。

最近、高齢者のドライバーの事故が問題になっているが、運転をやめなかったり、免許を返上しないのは、それによって自由が利かなくなるのがイヤだからだと思う。クルマがないと、行きたいときに、行きたいところに行けなくなる。でも、事故を起こすと人の命を奪う可能性もあるし、自分が亡くなる可能性もある。そうなったら自由どころの話ではなくなる。

だから、こうすればどうだろうか。年をとったら、思い切って運転免許を返上する。

その直後に近所の人たちに、「この年になったらカネもあるし、人に運転してもらったほうが楽だと思って免許を返上してきたよ」と大きな声でいっておく。そうすれば、「乗りますか?」と声をかけてくれる人が出てくるかもしれない。

乗せてもらったら、安いところでメシぐらいご馳走しておけばいい。

「きょうはちょっと持ち合わせがないけど、今度はあそこでステーキでも食おう」とダメを押しておけば、若くてヒマなやつが乗せてくれる。そうすれば自分で運転するより安全だし、かえって安く上がると思う。

いずれにしろ、年をとればとるほど、人から大事にされたいと思ったら、「カネは持っている」という芝居が必要になってくる。だから、年をとった人は普段から演技力をつけておくしかない。ダメかな、これでは?

災害はアドリブ。備えがあると、かえって危険だ

最近、水害がよく起きると感じているのはボクだけだろうか。台風も昔よりも規模が大きくなっているように思うし、集中豪雨も激しさや回数を増しているように思う。

そのたびに、水害が起きたというニュースをよく聞く。それで、必ずといっていいほど亡くなっているのは、お年寄りが多い。「水害に弱いお年寄り」、そんな言葉が浮かんでくる。何とかしなくてはいけないと思う。

地震もそうだが、そうした自然災害への備えとして、「防災グッズをそろえておきましょう」と、よくいわれる。でも、ボクからいわせると、それは点数をつけるとすれば50点だ。では、100点は何かといえば、いち早く逃げることだ。

大切なのは「アドリブ」

何がいいたいかというと、防災グッズなどを用意したり、ハザードマップがどうしたこうしたと変に予備知識を持っていたりすると、どこかで安心感が生まれる。「備えあれば患いなし」というが、その備えがあることで、かえって危険に対する感性が鈍くなる気がする。

大きな地震や水害というのは、防災グッズでどうにかなるものではない。防災グッズを用意していなければ、人はきっといち早く逃げると思う。命を落とさないためには、そっちのほうが正解な気がする。

東日本大震災のときも感じたが、岩手県だったかどこかの海岸にものすごく大きな防波堤があって、それがあるから安心だというので誰も逃げなかった。でも、津波はそれを乗り越えてきた。もし、大きな堤防がなければ、きっとみんな、さっさと逃げたと思う。備えとか、予備知識とかは、かえって危険を招く可能性があると肝に銘じたほうがいい。

では、無防備なほうがいいのかという話になるが、とりあえず「その通り」と答えるしかない。

無防備だからこそ、何かが起きたときには、その場で考えて、何とか対処しなくてはならなくなる。そういうのを「アドリブ」という。アドリブのほうが、運がいいほうに向く。アドリブでいくためには、相当、度胸が必要となるが、そういう度胸にかけたほうがいい。

災害や事故に限ったことではないが、ものごとというのは、いつだってアドリブ的に起きる。予定通りや想定通りに起きることなど、そうはない。だから、そうした事態に対処するためには、こちらもアドリブでいくしかない。そのほうが、人間、何かあったときに生き延びられるような気がする。

台風にしろ、地震にしろ、自然というのは、人間のチッポケな頭が考えたシナリオ通りにはいかない。

お年寄りの人は若い人よりも長く生きてきているから、本当はそういったことがわかっているはずだ。それなのに、水害などで亡くなったりするのを見ると、本当にがっかりする。

叱られるかもしれないが、あえていわせてもらえば、田舎の人が水害に巻き込まれて命を落としたりするのは、長いこと自然とつきあっているうちに、かえって自然に慣れすぎたからではないかと思う。

それで結論だが、備えることにあまりお金を使わないほうがいい。自然災害も、そんなに対策をしないほうがいい。

そうすれば、防災にかかる予算も半分ですむ。

ボクが総理大臣だったら、防災予算は半分にして、あとは運に任せる。使わなかった予算の半分はプールしておいて、災害が起きたときに逃げた人たちにあげる。

「あそこに堤防を作るのと、逃げたらお金もらえるのと、どっちがいいですか？」

と聞いたら、きっと大概の人は、逃げたらお金をもらえるほうがいいというと思う。

そのためには、何かあったときにすぐに逃げられるだけの体力をつけておかなくてはならない。だから、防災グッズなどを買うお金があったら、それでおいしいものでも食べて、体力をつけたほうがいい。

この本を読んでいる人が若い人だったとしたら、今度、自分の親にたずねてみてほしい。

「水害とか、地震とか、何か対策してる?」

と聞いて、

「そんなものは用意していない」

と答えたら、

「それが正解。ハイ100点満点!」

といってあげればいい。

大変なことのあとには、いい物語が生まれる

アドリブでいったほうがいいというのには、もう一つ理由がある。備えがないということは、食べるものも、飲む水もないということだ。そういうときに誰かにもらったパンや水は、絶対うまい。そのときに、本当に生きているという感じがするだろうし、そこで人生の物語のようなものが生まれる。

人生には、物語が必要だ。でも、備えがあると物語は生まれない。物語がない人生は、おもしろくない。

これはボクの経験からいえることだが、アドリブに強くなってくると、不思議なもので、「あぁ、水が飲みたい」と思ったときに、誰かが「水、飲むかい?」と、水を持ってやってくる。そういうときは本当にありがたいと思うし、そこから物語が生ま

れることが多い。

阪神淡路大震災のあと、会いに行った少年

阪神淡路大震災の1年後に、ボクは被災地を訪ねた。以前、ボクが自主制作した映画を観てファンレターを送ってくれた人たちがいたが、そのなかのちょうど10人が被災地に住んでいることがわかった。そこで関西方面に仕事で出かけるときに、多少のお見舞いを持って、1軒ずつ訪ねることにした。もちろん、事前連絡はなし。それもアドリブに任せようと思った。

そのうちの一人に、当時、高校生だった男の子がいた。もう学生や社会人になっているはずだったが、とにかくファンレターに書かれてある住所を訪ねてみた。

でも、そこには家がなかった。近所の人に聞いたら、勤めている会社の社員寮に住んでいるはずだと教えてくれた。

そこで、その寮まで訪ねて行ったら彼がいた。どうやらお母さんと一緒に住んでい

るらしく、二人ともボクの顔を見てびっくりしていた。

「なんで、来たんですか⁉」

「オレとオマエは映画とファンレターだけの小さなつきあいかもしれないけど、今回は大きな災害にあっちゃったから、これを機会に大きなつきあいにしなくちゃいけないと思った。だから、来てみたの」

そういって、「これ、お見舞いだから」と、お見舞いを渡そうとした。すると、彼のお母さんが、「それは困ります」といって受け取ってくれようとしない。

「人サマの前ではいえませんが、私はこの震災で幸せになったんです」

そんな意外なことをいう。

どういうことかと思って話を聞いてみたら、たしかに震災で家も家財道具も全部なくなったが、息子の会社の上司が、

「本当は社員寮で家族が一緒に暮らすことはできないけど、母一人、子一人だから、一緒に暮らしなさい」

といってくれたという。

「家族を亡くした人がたくさんいるのに、私は震災のおかげで、こうしてまた息子と一緒に暮らすことができています。私にとっては、それが何よりの幸せです。お見舞いなんかもらったら、ほかの被災者の人たちに申しわけありません」

「大した金額じゃないから、二人で少しおいしいものでも食べてちょうだい」

そういって、持っていったお見舞いはなんとか受け取ってもらったけど、お母さんの言葉を聞いて、物語のようだと思った。

大変なことがあればあるほど、その大変さに釣り合うだけの大きな幸せが待っている。いいことと、悪いことは、いつも半分半分なんだ。恐ろしいことが起きれば、その後には必ずステキなことが待っている。

悲しいことは悲しいが、悲しい、悲しいと、そればっかりいっていると、本当に悲しくなるのであって、悲しいなかでも何とかがんばって暮らしていると、そのうちステキなことがやってくる。世の中というのは、そんなふうにできていると思う。

「イヤだな」と思ったほうに運の女神がいる

年齢に関係のないことだが、やたらと「がんばりすぎる」人がいる。ハタで見ていて、明らかにその人のキャパシティを超えているのに、それでもがんばってしまう。また、人に頼られたり、人から頼まれると、心のなかでは「ちょっとイヤだな」と思っても断れない人もいる。それでがんばりすぎて、疲れ切ってしまう。

「そんなにがんばらなくても、イヤなら断ればいいじゃない」というのは簡単だが、そういう人にそんなことをいっても、きっと通じないと思う。そういう人は、がんばる癖がついているし、断れないことが習性になっている。

もちろん、イヤなら逃げてもいいが、何に対してもすぐに「イヤ」という人は、ボクはイヤだ。何だか、ものすごく年寄りっぽく感じてしまう。

それと、これまでの自分の人生を振り返っていえることだが、「イヤだな」と思ったところに、意外と運があった。これまでに何度も人生の分岐点のようなものがあったが、結果的にうまくいったのは、イヤだと思ったほうに進んだときだった。

二郎さんのこともイヤだった

最初の「イヤだな」は、18歳のとき。

当時は安藤ロールという名前だった坂上二郎さんから、「コンビを組まない?」といわれたときだった。この人とだけは絶対、コンビを組みたくないと思った。なぜイヤだったかというと、その前に半年ほど一緒に舞台に出ていたが、とにかくしつこくて、ボクには合わないと思った。でも、ボクは優柔不断だったから、はっきりイヤとはいえなかった。

「コンビってなかなか難しいから、できればボクは一人でやりたい……」とか何とかいって、適当に言葉を濁していた。

その後も何となく関係が続いていたが、あるとき二郎さんから、

「いま何してるの？」

と電話がかかってきた。ちょうどそのとき、「机」という一人コントを考えていた。机がぐらつくので、調整しようと思ってノコギリでちょっとずつ脚を切っていくうちに、どんどん机が短くなっていくというコントだった。その話を二郎さんにしたら、

「そのコント、コンビでやったほうがおもしろいよ」

という。それもそうだと思って、

「じゃあ、必要なときだけ相方として来てくれる？　そんなコンビならいい」

と答えた。だからコンビといっても、最初はネタ1本ごとのコンビだった。「コント55号」というコンビ名も当時はなかった。ただ、二人の名前が書いてあるだけ。

でも、そうやって続けているうちに、

「どうして二郎さんのことがイヤなんだろう？」

と、自分でも二郎さんがイヤな理由がわからなくなってきた。一生懸命やってくれるし、ボクのことをすごく引き立ててくれるし、何だかいい人だなと思うようになっ

た。

コント55号で成功することができたのは、二郎さんの勇気ある「一緒にコンビ組もうよ」のひとことがあったから。それも、最初は「イヤだな」から始まったことだ。

『スター誕生！』も『オールスター家族対抗歌合戦』も最初はイヤだった

その後、コンビを解散したわけではないけど、お互い別々の仕事をするようになった。そのときに、「オレ、司会だけはイヤだから」と事務所にいっていた。

コント55号ではツッコミだったから、つい、その調子でやってしまう。でも、司会がそれだと、番組が前に進まない。そうなるのがイヤだったから、司会の仕事だけは断りたいと思っていた。

ところが、日本テレビから、オーディション番組として数多くの歌手を世に送り出した『スター誕生！』の司会の話が来た。

でも、それまで一人で司会なんかしたことがなかったから、自分では番組の進行がチグハグだと感じていた。これでいいのだろうかと悩みながら続けていたら、今度はフジテレビから『オールスター家族対抗歌合戦』の司会の話が来た。

当然、最初は断った。それでなくても、『スター誕生!』で悩んでいたから、2本も司会は無理だと思った。

それでも頼みに来たディレクターに一応、

「何でボクのところに頼みに来たの?」

と聞いてみた。すると、

「自分は芸能人を二人しか知らない。そのうちの一人が欽ちゃんだから、欽ちゃんにお願いに来た」

という。もう一人は、二郎さんだった。

彼がテレビ局に入社して最初に就いたのがコント55号の番組で、それ以来、彼はずっと55号の仕事ばかりしていたという。だから二人以外に頼める芸能人を知らなかった。しかも、その『歌合戦』が、彼にとってはディレクターとしてのデビュー作になるという。

単発で1本だけだといわれたから、「それなら、つきあいでやるよ」といって、仕方なく引き受けた。でも自分一人では進行する自信がないから、進行できるアシスタントを付けてもらえることになった。ボク一人だと、次に登場するチーム名も覚えていないくらいだった。

イヤで引き受けた司会の仕事だったが、結局『スター誕生！』が足かけ9年、『オールスター家族対抗歌合戦』が12年も続いた。

しかも、その番組がきっかけとなって、テレビで「素人」を起用することのおもしろさに気づいた。

『欽ちゃんのどこまでやるの！』や『欽ドン！ 良い子悪い子普通の子』など視聴率が30パーセントを超えた番組は全部、素人を使って作った番組だった。

『24時間テレビ』の70キロマラソンもイヤだった

「残りものには福がある」といわれるが、イヤだと思ったことに運があったということだね。

イヤでも引き受けたことで、ボクの人生が大きく変わった。

だから、イヤだと思うのは、そのとき運の女神がこちらを試しているのだと思う。

それで、イヤだと思うほうに足を踏み出した人に運を授ける。

66歳のときに『24時間テレビ』で70キロのマラソンを走ったが、やっぱり最初はイヤだった。そんなに長い距離を走って、ただ疲れるだけだろうと思った。

でも、それまでイヤだと思ったほうにいい運があったから、とりあえず走ってみることにした。

そのときは放送時間内にゴールできなかったが、その後の『行列のできる法律相談所』内で引き続き放送され、ゴールのときの瞬間最高視聴率が43・9パーセントまで行ったから、やっぱり運があったということだ。

話を元に戻すが、すぐに「イヤだ」というおじさん、おばさんはかわいくない。「できないよ」といいながら、つきあいでやったことにいい運がありそうな気がする。だからイヤなことでも、すぐに「イヤだ」といわないほうがいい。

本当にイヤなときは、とりあえず「いい話ですね」といっておく。それで当日になったら、「きのうから急に膝が痛くなって、きょうは行けないの」とか何とかいって、丁重に断ればいい。そんなことを2、3回繰り返したら、頼んだほうも本当はイヤなんだと察してくれる。

だから、すぐに「イヤだ」といわないお年寄りのほうがかわいい。そっちのほうが、絶対にいい。年をとったら、言葉だけでもいいつきあいをしたほうがいい。そのほうが運を呼び込める気がするね。

人生のいいことと悪いことは、ちょうど半分半分

いいことと悪いことは、半分半分。

口幅ったいいい方になるが、それがボクがこれまで生きてきて、人の運というものを考えるなかでつかんだ人生の哲学のようなものだ。いつごろからそう思うようになったか、はっきりとはわからないが、いろいろな出来事がボクにそう教えてくれた。

アフリカでわかったこと

アフリカに行ったことも、そんなふうに考えるようになった一つのきっかけかもしれない。

アフリカに行ったのは、ライオンが見たかったから。テレビのネイチャー番組などでライオンが他の動物を襲っている映像はよく見かけるが、ライオンが襲われて食べられている映像を見たことがない。ということは、アフリカのサバンナへ行けば、きっとライオンがうじゃうじゃいるはずだ。誰にも襲われないのだから（襲うとすれば人間だけだろう）、数が増えるに決まっていると考えた。

ところが、アフリカに行ってみて驚いた。1週間、ケニアにいたが、全然ライオンを見かけない。アフリカに来て、ライオンが見られないというのは、いったいどういうことだ？

でも、話を聞いて納得した。自然というのは、やはりうまくできている。

たしかに、大人のライオンを襲うやつはいない。その代わり、子どものライオンを専門に襲うやつがいる。大人のライオンが狩りに出かけるときに、子どもたちが残される。それを気長に待っていて、大人が出かけたスキに子どものライオンを襲って食べる。でも、全部は襲わない。全部、襲って食べていたら、そのうちライオンは絶滅してしまう。子どもが3頭いたら、1頭だけを襲う。だから絶滅もしないが、ライオンがうじゃうじゃという状態にもならない。

長所があると、必ず短所がある

ライオンだけではない。自然界にいる動物というのは、その種だけが繁栄して増えてしまわないようになっている。そのために、長所があると、必ず短所がある。

たとえば、動物のなかでいちばん足が速いのはチーターだ。動物の走る速さを比べたランキングがあり、それを見たら、チーターは100メートル3・4秒と、ダントツに速い。その速さで他の動物を襲って食べていたら、そのうちチーターだらけになるのではないかと思うが、やっぱりそうはならない。チーターはたしかに瞬間的には速いが、持続力がない。少し走ると、すぐに息切れしてしまう。追っかけたときにちょっと逃げ回られると、もう体力がなくなって、追いかけられなくなる。

ホント、自然界はうまくできている。

長所があれば、必ず短所がある。人間の運も同じことで、いいことがあれば、必ず悪いこともある。これも、うまくできている。

と、ここまできて、「あれっ、おかしい」と思った。

その100メートル競走のランキングでは、ドン尻が人間で、約10秒と書いてあった。あとの哺乳類は全部、人間より速い。だとすれば、人間は他の動物に襲われたら、つかまって食われてしまうことになる。絶滅してもおかしくない。でも、絶滅しない。それどころか、どんどん地球上で増えている。

自覚しているバカは、考えるからバカじゃない

ここまで来て、ハタと思い当たった。

足が遅いものだから、それで脳が発達した。これではダメだと思うから、脳が発達する。ダメだと思ったほうが、より脳が発達する可能性がある。ということは、世の中の人は間違えていることになる。

何が間違えているかというと、たとえば学校で成績のよくない人がいる。そういう

人は自分には才能がないからダメだと思って、医者も無理、弁護士も無理、公務員も無理、大会社も無理、あれも無理、これも無理と、自分で勝手に決めて、どんどんあきらめてしまう。

でも、そこであきらめる必要はない。なぜって、自分がダメだと気づいた人、自覚した人ほど、脳が発達するはずだからだ。

ボク自身、映画監督やチャップリンのようになりたいと憧れていた。でも、自分には才能がないから、バカだから、そういうのは無理だと思っていた。でも、そうではない。むしろ、バカだからこそ、どうすればいいか考えることによって脳が発達する。

それで、「バカでも考えれば、何とかなるんじゃないか」という気がしてきた。これは考え直したほうがいい。そう思うようになった。

人間の運というのは、そういうふうに、みんな平等にできている。だから、いいことと、悪いことは、半分半分。そう思って生きていけばいい。

萩本欽一《はぎもと・きんいち》

1941年、東京・下谷生まれ。高校卒業後、浅草の東洋劇場に入る。66年、坂上二郎とコンビ「コント55号」を結成。時代の寵児になり、ラジオ・テレビ番組を数多く手がける。テレビ番組「欽ちゃんのどこまでやるの!」、「欽ドン! 良い子悪い子普通の子」、「欽ちゃんの週刊欽曜日」で視聴率100%を達成し、お笑い界の頂点に。85年、休養宣言。その後、長野オリンピック閉会式総合司会、「茨城ゴールデンゴールズ」監督、「24時間テレビ」、「欽ちゃん&香取慎吾の全日本仮装大賞」などで活躍。2015年4月より駒澤大学仏教学部に在学。著書に『運はまだあるか』(大和書房)、『ダメなときほど運はたまる』(廣済堂新書)など多数ある。

人生《じんせい》はおもしろがった人《ひと》の勝《か》ち

2018年4月1日　第1刷発行

著者　萩本欽一《はぎもときんいち》
発行者　佐藤靖
発行所　大和《だいわ》書房
東京都文京区関口1-33-4
電話03(3203)4511

編集協力　岩下賢作、大湊一昭
デザイン　三木俊一(文京図案室)
イラスト　鈴木勇介
企画協力　株式会社浅井企画、株式会社佐藤企画
本文印刷　厚徳社
カバー印刷　歩プロセス
製本　ナショナル製本

ISBN978-4-479-39303-0

http://www.daiwashobo.co.jp